KB141051

당신에게 필요한 긍정의 에너지

당신에게
필요한
긍정의
에너지

초판 1쇄 인쇄 ┃ 2017년 1월 15일
초판 1쇄 발행 ┃ 2017년 1월 20일
지은이 ┃ 김성광
펴낸곳 ┃ 좋은친구 출판사
펴낸이 ┃ 조병욱
디자인 ┃ 디자인 감7
등록번호 ┃ 제2016-9호
주소 ┃ 서울특별시 도봉구 시루봉로 192-6
전화 ┃ 070-8182-1779   팩스 ┃ 02-6937-1195
E-mail ┃ friendbooks@naver.com

ISBN 979-11-957808-3-9   03320

값 11,000원

당신에게
필요한

긍정의

에너지

김성광 **지음** ——

좋은
친구

　당신은 직장생활에 만족하고 있는가? 직장 생활이 당신의 인생에서 가장 많은 비중을 차지한다는 사실은 말할 나위가 없다. 지금까지의 생활과는 양적으로나 질적으로 전혀 다른 새로운 차원의 생활이다. 그리고 결코 실패할 수도 없는 치열한 경쟁의 장이기도 하다.

　취업 전쟁을 거쳐 그 좁은 문을 헤쳐 나왔는데도 미래는 그렇게 밝아 보이지 않는다면 얼마나 답답한 노릇이겠는가. 현재는 제로이고 미래는 마이너스라면 또한 얼마나 암담한 현실인가. 학교에서는 모범생으로 칭찬 받기도 했는데 전혀 평가받지 못하는가 하면 일과 사람에 치여 여러모로 낭패감을 맛볼 수도 있을 것이다. 직장 생활의 재미는커녕 실적과 감원, 혹은 증진 압력이나 스트레스 때문에 지쳐버렸을 수도 있다. 그러나 그렇다고 해서 주저앉을 수는 없다.

직장 생활을 시작한 이상 출세를 꿈꾸고 그 길로 달려 나가야 한다. 내 인생을 성공시켜야 한다. 당신의 위치를 다시 한 번 점검하자. 적극적으로 출세 경쟁에 나서려면 바로 지금 변화해야 한다. 자기 자신을 혁명적으로 바꾸어 보자. 이 책이 당신의 변화의 길잡이, 성공의 길잡이가 되어줄 것이다. 성공을 원하는 젊은 직장인에게 많은 도움이 되었으면 좋겠다.

3장 | 기억력을 되살려라

4장 | 능숙한 청취법

5장 | 직장에서 트러블을 잘 처리하라

6장 | 긍정에 필요한 리더십

7장 | 인간관계를 원만히 하라

8장 | 올바른 의사표현을 하라

9장 | 실패에서 배워라

10장 | 긴장을 해소하라

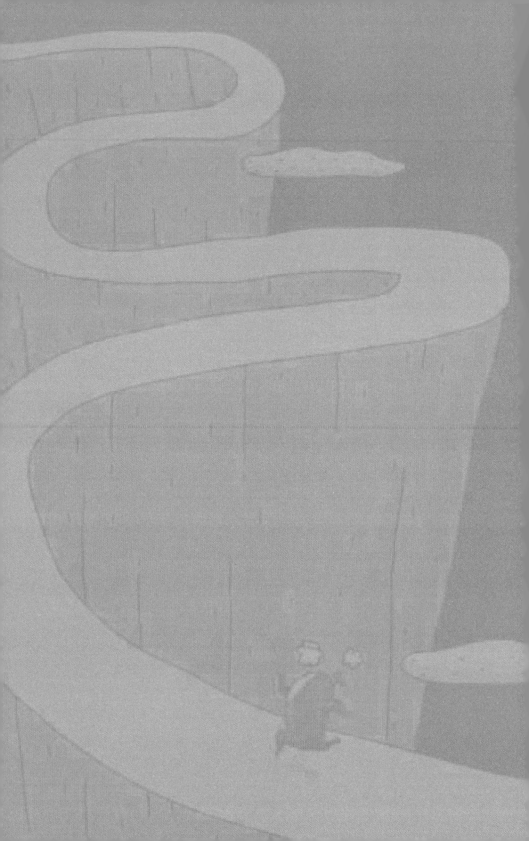

1장

긍정을 위한
좋은
대인관계

직장에서서의 평가는 첫째가 실력이고 다음
이 인간성이라는 것을 늘 명심해야 한다.

특히 직장에서 싫어하는 10가지 타입

1) 인사를 잘 하지 않는다.

2) 자기의 이익만을 위해 남의 성장을 가로막는다.

3) 동료들과 협력하지 않는다.

4) 파벌을 만든다.

5) 남의 험담이나 소문만 이야기한다.

6) 감정적으로 일을 처리한다.

7) 실수를 인정하지 않고 변명을 늘어놓는다.

8) 자기만 열심히 일하는 것처럼 행동한다.

9) 다른 사람의 의견이나 행동을 무시하기가 근거한다.

10) 약한 사람에게 강하고 강한 사람에게 약하다.

실력을 갖춰라

오늘 당장 주위를 돌아보라. 내가 하고 있는 일에 대해 과연 나는 전문가라고 말할 수 있을 만큼 잘 알고 있는지, 혹은 풍부한 교양을 쌓고 있는지, 만일 당신이 누구와도 대체 가능한 하나의 부품처럼 쓰이고 있다면 문제가 있다. 실력이야말로 비즈니스맨의 최대의 강점이며 미덕이다.

직장에서의 평가는 첫째가 실력이고 다음이 인간성이라는 것을 늘 명심해야 한다.

그렇다고 해서 인간성이 아무 쓸모없다는 얘기가 아니다. 실력 없는 인간성이 직장에서 환영받지 못하듯 인간성 없는 실력 역시 조직 생활에서 환영받지 못한다.

체크해 봐야 할 실력 10가지

1) 어학 실력은 어느 정도인가?
2) 컴퓨터에 대해 얼마나 알고 있나?
3) 내가 속한 업계에 대한 지식은 어느 정도인가?
4) 세계 경제, 경영에 대한 지식은 어느 정도인가?
5) 경영분석에 대한 지식이 있는가?
6) 경제신문 기사를 어느 정도 이해하고 있는가?
7) 기획 능력은 어느 정도인가?
8) 마케팅에 대해 얼마나 알고 있나?

9) 회사의 재무 구조를 얼마나 알고 있나?

10) 조직관리에 대한 식견이 있는가?

자기만의 매력을 가꿔라

——

사람을 이끄는 요소는 어떤 것일까?

카네기는 그의 저서 '사람을 움직인다' 에서 남에게 좋은 인상을 주는 방법을 다음 6가지로 요약했다.

1) 따뜻하고 성실한 관심을 쏟는다.

2) 이름을 기억한다.

3) 진심으로 칭찬한다.

4) 웃는 일굴을 잊지 않는다.

5) 상대의 이야기를 잘 듣는다.

6) 상대의 관심 소재를 파악한다.

카네기는 인간관계와 신뢰를 쌓아가는 데 지름길이란 없고 매일 매일 눈앞의 상대에 성실히 임하는 데서 시작해야 한다고 말한다.

정보 제공을 아끼지 말라

——

정보의 묘미는 주고받는 데에 있다. 그러므로 남에게 정보를 얻으려면 스스로가 많은 정보를 갖고 있어야 한다. 정보를 제공받은 측은 분명 당신에게 감사를 느끼며 당신을 자기의 인맥에 편입시킬 것이다. 긴 눈으로 보면 특히 교제 초기에는 열심히 정보를 제공하는 쪽이 결국은 많이 얻는다. 성급하게 대가를 추구한다면 좋은 인맥을 만들 수 없다.

정보를 많이 수집하는 방법

1) 다양한 사람을 만난다.

2) 업종별 연구 모임이나 세미나에 적극적으로 참가한다.

3) 일간지와 정보지를 꼼꼼하게 읽는다.

4) 도서관 활용을 습관화한다.

5) 필요한 정보는 스크랩한다.

6) 정기적으로 체크해서 쓸모없는 정보는 폐기한다.

7) 관련 분야의 해외 신문이나 잡지를 구독한다.

8) 인터넷을 활용 한다.

9) 정기적으로 서점에 들러 신간을 살펴본다.

10) 필요한 책은 빌리기보다는 구입한다.

기초 교양을 쌓는다
―

누구하고나 대화를 즐기기 위해서는 비즈니스나 경제 이상으로 문화에 관한 조예가 필요하다. 음악, 문학, 미술, 영화 같은 분야에 관한 기본적인 지식이나 교양 그리고 가능하면 가지 나름의 감식안, 비평 안목 같은 것이 수준 높은 대화에는 불가결하다. 특히 젊은 시절에는 갖가지 문화에 접해 자기의 안테나를 연마하는 작업에도 힘을 쏟아야 한다.

남과 만났을 때 쓸데없이 연예인이나 유명인들의 스캔들이나 떠들다가 헤어질 정도라면 당신의 교양은 0점이다. 잠깐 대화를 나누더라도 남에게 무언가 유익한 이야기를 남길 수 있도록 교양을 쌓는 비즈니스맨이 되도록 하자.

거절하는 방법을 익힌다
———

인맥이 생기기 시작하면 여러 부류의 사람들로부터 여러 가지 일을 부탁받게 된다. 이때 자기가 역부족이라고 느끼면 가능한 한 빨리 손을 빼는 용기도 중요하다. 자기로서는 해결할 수 없을 만큼 문제가 클 때는 솔직히 말하는 것이 나으며 보증인이나 금전차용 등의 일일 때는 완곡하게 말하며 거절하는 방법이 좋다.

거절할 때 유의해야 할 태도
1) 거절할 때는 가능한 빨리 알린다.
2) 거절하는 이유를 확실히 말한다.
3) 쓸데없는 변명이나 속 보이는 거짓말을 하지 않는다.

4) 상대방의 자존심이 상하지 않도록 유의한다.

5) 다른 사람을 통해 거절하는 것은 금물.

6) 여러 사람 앞에서는 거절을 삼간다.

7) 자기 대신 다른 사람을 소개할 때는 그에게 부담이 되지
   않도록 한다.

8) 거절한 뒤 그 사실을 남에게 소문내지 않는다.

얄팍한 사람과의 교제는 거절한다

어떤 사람의 교제를 피하는 것이 좋은가는 한 마디로는 설명 할 수
없다. 이 문제야말로 경험을 쌓아가면서 인물을 구별할 줄 아는 눈
을 키우는 수밖에 도리가 없다.

사람을 판단할 수 있는 10가지 기준

1) 시간을 잘 지키는가?

2) 여러 번 약속을 어기지는 않았는가?

3) 금전 관계는 확실한가?

4) 거짓말을 하지 않는가?

5) 주위의 평판은 어떠한가?

6) 동료를 자주 모함하지는 않는가?

7) 대하는 사람에 따라 말이 달라지지 않는가?

8) 가정생활은 원만한가?

9) 질문에 명확한 태도를 보이는가?

10) 맡은 업무를 책임 있게 처리하는가?

균형 있게 주고받는다

인간관계는 주고받음의 연속이다. 특히 비즈니스맨의 관계는 균형을 맞추면서 주고받는 것이 관계를 유지하는 비법이다. 한쪽이 일반적으로 요구만 하는 인간관계는 결코 오래 가지 않는다. 오히려 받기 전에 주어야 한다.

가령 처음 만나는 사람들 사이에서 먼저 '준' 사람은 부담 없이 그 후의 인간관계를 꾸려갈 수 있을 것이다. 반면 '받은' 사람은 대개의 경우 '빚을 갚아야 한다'는 부담을 안게 된다.

회사의 비밀을 잘 지킨다

자기 기업의 정보를 발설해서는 안 되다는 점은 당연한 자세이며 이는 동업종 타사 사람들과의 교제나 업종 간 교류에서 특히 강하게 요구된다.

회사비밀 엄수를 위해 주의해야 할 점

1) 음식점, 전철, 술집에서 회사 일을 크게 떠벌리지 않는다.

2) 모임 등에서 누가 회사에 대해 물으면 신중하게 대답한다.

3) 중요 서류를 쓸데없이 사외로 가지고 나가지 않는다.

4) 대외비에 속하는 자료들을 책상 위에 늘어놓지 않는다.

5) 이유 없는 초대에 응하거나 선물을 받지 않는다.

6) 회사에 일상적으로 출입하는 상인이나 거래처 사람이라
   할지라도 함부로 회사 사정을 이야기 하지 않는다.

7) 남과 이야기할 때 회사 동료나 상사의 이름을 구체적으
   로 거명해서 말하지 않는다.

유연성을 갖는다

싫은 사람이 주위에 있을 때는 우선 그 사람에 대한 당신의 느낌과 다른 사람의 평판을 비교해 보라. 그리고 의식적으로 그 사람에게서 장점을 찾아 배우려는 노력을 하라.

누구에게나 한두 가지의 장점은 있기 마련이니까.

만남을 즐긴다

비즈니스 관계를 사람을 만나든 개인적으로 일로 만나든 간에 중

요한 것은 만남을 즐겁게 생각하는 것이다.

　친한 사이라도 접촉이 뜸하면 거리가 생길 수 있다. '멀리 있는 친척보다 가까이 있는 이웃' '안 보면 멀어 진다.'는 말들은 모두 접촉이라는 물리적 중요성을 강조한 것이다.

　악수를 했을 때의 감촉, 평소의 대화, 그리고 만남에서의 표정은 사람과 사람의 연계를 더욱 깊게 해준다.

준비하는 만남을 습관화하라

　적을 알고 나를 알면 백전백승이다. 사람을 만나기 전에는 반드시 준비가 필요하다. 상대방은 어떤 사람인지, 그의 관심사는 무엇인지, 어떤 말에 흥미 있어 할지 그리고 내가 상대방을 위해 할 수 있는 일이 무엇인지를 미리 체크해 두면 단 한 번의 만남이라 할지라도 의미 있는 만남이 된다.

　　만나기 전에 알아두어야 할 것
　1) 사람 수 : 몇 사람이 모일 것인가를 미리 알아둔다.
　2) 연령층 : 연령층에 따라 이해력, 인생관, 체험이 다르므로 충분히 조사해 둔다.
　3) 성별 : 남성인가 여성인가 혼합인가에 따라 말투나 대화의 내용이 달라지므로 조사해 둔다.

4) 직업 : 직업에 따라 관심사나 화제의 내용이 달라진다.

5) 학력 및 약력 : 학력과 약력을 미리 알아두면 만나서 굳
이 묻지 않아도 되므로 대화가 훨씬 부드
럽다.

6) 취미와 관심사 : 대화의 소재를 준비할 수 있다.

핵심 인물을 알아보는 눈을 기른다

만약 누가 그 조직의 핵심 인물인가 알고 싶다면 어떤 가벼운 부탁을 해보면 된다. 핵심 인물이라면 즉석에서 어떤 해결 방법을 제시할 것이다. 자기의 재량권 아래 있는 문제라면 물론 스스로 해결하고, 재량을 넘는 범위의 것이라면 다른 해결 능력을 갖춘 사람을 소개해 줄 것이다.

이 핵심 인물만 파악하면 여타의 비즈니스도 원활하게 풀릴 것이다.

새로운 것에 관심을 갖는다

나이가 들어서 SF소설에 흥미를 갖는 사람도 있고 새로운 컴퓨터 게임에 심취하는 사람도 있다. 이런 사람은 나이와 관계없이 젊게 산다.

새로 나온 음식을 먹어보고 새로운 기계를 만져보고 새로운 음악을 들어보라. 새로 나온 영화, 소설을 보고 젊은이들의 사고방식을 알아보려 해보라. 가능하다면 가보지 않는 곳으로 여행을 떠나 보라. 거기에는 무수한 흥밋거리와 미래를 예측할 수 있는 메시지가 있다.

상대를 선불리 평가하지 않는다

당신이 친구나 동료와의 대화 가운데 그 자리에 없는 사람의 인물평을 부정적으로 한다고 하자. 이야기를 듣는 상대가 당신의 인물평에 동조하지 않는다면 말한 나위도 없지만 그와 관계없이 당신과 듣는 이의 인간관계에 균열이 생길 수도 있다.

사람들이란 항상 남에 대해 어떤 평가를 하며 생활하기 마련이다. 마음속으로 평가를 하는 것과 입 밖으로 내는 것은 다르다.

일처리를 정확히 한다

비즈니스맨 가운데, 사람은 좋은데 일처리가 흐릿하다는 소리를 듣는 사람이 있다. 이런 평판은 비즈니스맨에게는 인간성이 나쁘다는 평판만큼이나 치명적이다. 직장이란 여러 사람이 톱니바퀴처럼 물려서 돌아가는 곳이다. 그 중 하나가 일처리를 잘못하여 나머지 사람들에게 돌아가는 피해는 생각보다 크다.

자기 정확도 테스트

1) 맡은 일을 제 날짜에 완성하는가?

2) 공금을 썼을 경우 영수증을 제대로 챙기는가?

3) 납품업자에게 약속한 날짜에 대금을 지급하는가?

4) 그날그날 한 일을 날마다 체크하는가?

5) 매일 금전 출납을 정리하는가?

6) 다른 사람에게 빌린 비품이나 용구를 반드시 반납하는가?

7) 출근과 퇴근이 정확한가?

8) 오래된 외상은 없는가?

9) 전근이나 퇴직 시 주변 관계를 깨끗이 하는가?

10) 약속 시간과 내용은 잘 지키는가?

2장

긍정을
위한
성공전략

지금부터 구체적이고 명확하게 나를 차
별화하자.

세상에서 첫째가 되는 사람들은 극히 드물다

첫째가 되는 것은 너무나 힘들기 때문에 대부분은 2위이하의 위치에서 만족하며 살아간다. 왜 사람들은 첫 번째만을 기억할까? 당신은 어떤 질문을 했을 때 첫 번째로 기억되는 사람일까? 또 당신은 어떻게 첫 번째가 될 수 있을까? 그 해답이 차별화 전략이다.

지금부터 구체적이고 명확하게 나를 차별화하자.

우리는 선입관을 갖고 있다. 그리고 선입관에 의해 행동하고 물건을 사고, 사람을 좋아하거나 싫어하거나 한다. 차별화는 다시 말해 '다른 사람에게 나에 대한 선입관을 만들어 주는 작업' 이라고 할 수 있다.

당신이 회사나 어떤 단체에서 최고가 아닐 때, 그 최고와는 다른 영역에서 최고가 되어야 한다. 그렇지 않고서는 도저히 당신은 남들에게 기억을 못 시키고 성공할 수도 없는 것이다.

나를 차별화할 대상을 명확히 찾아내 그 타깃에게 나를 차별화하자. 기억되지 않는 사람이 된다는 것은 불행한 일생을 사는 것이다. 그러나 무조건 차별화한다고 해서 좋은 것은 아니다. 구체적이고 긍정적으로 해야 한다. 누구 하면 '아, 무엇을 잘하는 사람!' 이렇게 구체적이어야 하며 긍정적으로 차별화한다는 것은 대단히 중요하다.

당신보다 앞선 자는 누구인가? 당신이 목표하는 경쟁자를 명확히 알고 있는가? 우선 '경쟁 목표'와 '경쟁 대상'을 명확하게 인식하자. 경쟁 대상과는 경쟁하되 당신의 목표는 경쟁 목표임을 잊어서는 안 된다. 경쟁 목표와 다른 포지션은 무엇인가? 이 해답을 찾지 않으면 안 된다. 그러기 위해서는 구멍을 찾는 작업을 해야 한다. 경쟁 목표를 분석해보면 반드시 허점, 즉 구멍이 있게 마련이다.

인간관계인가? 아니면 회화 능력인가? 기획력인가? 상품인 경우, 가격이 고가 혹은 저가인가? 제품 크기는? 공정에서의 가능성은? 모든 가능성을 모두 찾아보면 반드시 당신이 최고의 자리로 올라설 구멍은 있다. 폭스바겐 자동차는 미국의 시장을 작은 것으로 겨냥했고, 조이라는 향수와 피아제 시계는 세계 최고의 고가라는 점으로 강력하게 밀어붙였다.

담배시장에서 말보로는 남성적 담배라는 점에 맞춰 수십 년 동안 카우보이가 나오는 광고를 계속하고 있으며, 버지니아슬림은 여성 시장을 겨냥했다. 그러나 아무리 구멍을 찾으려 해도 보이지 않는다면 어떻게 할 것인가? 이제 더 이상 남아 있는 구멍이 없다면 사람들의 마음속에서 자리를 구축하고 있는 경쟁자들을 다시 겨냥할 수밖에 없다. 다시 말해 새로운 아이디어나 나 자신을 사람들의 마음속에 불어넣기 위해서는 기존에 자리 잡고 있는 묵은 것을 몰아내지 않으면 안 된다.

일단 예전의 생각이 뒤집혀지면 새로운 아이디어를 파는 것은 너무나 쉽다. 사람들은 과거의 묵은 자리가 빠져 나가면 새로운 것을 적극적으로 찾아 나서게 마련이다. 결코 충돌을 두려워하지 말라.

최고의 경쟁자와 직접 싸우자. 세븐업은 콜라가 차지하고 있는 시장에 뛰어들기 위해 언 콜라(uncola, 콜라가 아니다) 캠페인을 벌였다. 세븐업은 콜라의 대체음료로 내세웠고 콜라를 싫어하는 사람들에게 1위의 자리를 차지한 것이다.

지금부터 당장 해야 할 일
—

우선 당신이 목표로 하고 있는 데까지 표를 만들자. 그 목표에 도달하기 위해 단계별로 누구를 대상으로 어떻게 차별화할지 구체적이고 명확하게 전략을 수립하자. 그리고 당신의 모든 것을 하나씩 바꿔 나가자. 당신의 이름이 어렵다면 이름부터 바꾸는 것도 좋다. 이름을 기억시켜야 성공할 수 있는 기업이나 상품 또는 직장인이라면 과감히 이름을 바꾸자. 이름을 바꿀 때 자기의 목표에 맞고 쉽게 강력한 인상을 줄 수 있는 것으로 해야 한다.

다음으로 언어습관을 바꾸자. 언어가 사람을 평가하는 결정적인 요인이라는 점을 깊이 인식하자. 성공 목표에 맞는 독특한 언어구사 능력을 갖추자. 행동을 바꾸는 것도 중요하다. 행동은 그 사람의 성격을 나타내고 운명을 결정하는 것이다. 취미와 습관, 출퇴근 시간, 책상 정리정돈, 업무에 임하는 태도, 결재 방법, 여사원을 대하는 언행, 동료를 대하는 태도 등 당신이 생각하고 고쳐 나갈 것은 무지무지 많다.

복장을 바꾸는 것도 생각해보자. 옷을 멋있고 깔끔하게 잘 입는 것도 지대한 영향을 끼친다. 넥타이 하나 손수건 하나까지 소홀히 하지 말자. 그리고 무엇보다 중요한 것은 실력을 갖추는 일이다. 당신은 영어를 제일 잘 하는 사람인가? 아니면 일어를 번역할 수 있는 사람인가? 어렵고 새로운 프로젝트가 있을 때 안심하고 맡길 수 있는 사람이라는 평가를 받고 있는가?

체육대회에 나가면 어떤 종목에서 우승후보자라고 지목을 받고 있는가? 취미활동에서 사진이나, 낚시, 바둑, 포커 등에서 일인자라는 소리를 듣는가? 이것도 저것도 아무것도 없다면 '나는 무엇 때문에 사는가?'라고 스스로 물어보라. 구체적이고 명확하게 나를 차별화하자. 그래야 내 인생은 성공할 수 있다.

성공은 자기 표현력과 비례한다

조직 안에는 여러 형태의 사람이 있다. 과시형, 신중형, 또는 적극형, 소극형, 능변형, 눌변형 등 대칭되는 온갖 유형이 있다. 물론 이 것뿐이 아니다. 섭외비나 업무추진비가 있다고 하면 자기 돈 드는 일에는 손을 안 대고 처음부터 끝까지 회사 돈을 철저히 쓰는 사람이 있는가 하면 주어진 업무 추진비도 제대로 쓰지 못하는 타입이 있다. 어쨌든 직장에서 어떤 사람이 출세하는가 하는 것은 눈여겨보면 재미있는 현상을 발견하게 된다.

지식이나 능력은 높으나 자기표현을 삼가는 사람과 지식이나 능력에는 조금 뒤지지만 자기 표현력이 높은 사람이 있다고 할 때, 대체로 자기 표현력이 높은 사람이 먼저 승진하거나 출세한다는 현상이다. 요컨대 말 잘하는 사람이 득을 보는 것이다.

직장 안에서 동료들보다 앞서 출세하려는 사람은 다음과 같이 경박하게 움직이라는 것이 파킨슨 씨의 해학적인 지적이다.

즉, 직장 안에서 자기는 전능하다고 외치고, 하나도 잘못이 없는 완벽한 사람이라고 우기고 다니라는 것이다. 뭔가 일이 잘못되면 그것은 나 때문이 아니라고 우겨야 하고, 동시에 잘못은 다른 사람에게 책임을 전가하라는 것이다. 공은 내가 세웠다고 주장하고 심지어 3년 전, 5년 전의 일이라도 그때 내가 해냈던 것이라고 우기라는 것이다.

확실히 직장 조직 안에는 학교에서 배운 지식이나 경험에서 얻은 지혜는 적지만 실력 이상으로 상사에게 자기 능력을 과장하여 잘 설명함으로써 상사의 신임을 받는 사람이 있다.

반대로 지식과 경험이 충분하지만 상사에게 자기의 실력을 제대로 설명하지 못해서 항상 낮은 평가를 받는 사람이 있다. 쉽게 말하면 말 잘하는 사람이 출세한다는 것이다.

상사에게는 사람을 보는 분명한 눈이 필요하긴 하다. 허풍을 떠는 사람을 보면 '저 녀석은 어디서 파킨슨의 견박의 법칙을 배운 모양이구나' 하고 그 인물됨을 간파하는 것이 필요하고, 실력은 있으나 자기표현이 부족한 사람의 하고 싶은 말을 이해하는 것이 상사의 자질로서 필요할 것이다. 그러나 직장인은 상사가 인정해주기까지 긴 세월을 기다리는 것이 반드시 미덕일 수는 없다는 것을 알아야 한다. 자기 자신이 정당한 평가를 받기 위해서 기회 있을 때마다 자기 자신을 상사에게 이해시키는 것이 직장 생활인으로서 필요조건이라는 것을 납득해야 한다. 이것이 곧 자기 표현력이다. 자기표현 없이 상사가 자기 마음속 깊은 곳까지 이해해주기 바라는 것은 너무 사회를 안이하게 보는 것이 아니겠는가. 흔히 세상에는 자기 표현력의 하나로서 '말 잘한다' 는 것이 있다. 그런데 이 말 잘하는 것도 따지고 보면 여러 내용이 있다. 우선 말을 잘한다는 것은 논쟁에 강하다는 의미일 수 있다. 주장이나 자기 제안에 대해서 논리정연하고 다른 사람의 논리나 주장에 빈틈이 있으면 즉각 반격하여 자기주장을 세우는 타입이었다. 그러나 과연 이것이 직장에서 말 잘하는 것이 될까. 이 타입은 정당의 대변인들에게 필요한 자랑이 아닐까.

두 번째는 설득력이 있다는 의미를 담을 수 있다. 설득이라는 것은 '설명해서 납득 시킨다' 의 말을 줄인 것이다. 어떤 문제에 대해 나의 주장을 상대방에게 납득시켜서 마침내는 상대방이 자기주장을 굽히는 데까지 이끌어 가는 과정이라고 한다면 이것이 말 잘하는 직장인으로서 반드시 좋은 것일까. 또 재담가라는 의미의 말 잘하는 것이 있다. 술자리 같은 경우에 여러 가지 화제를 구사해서 좌중을 즐겁게 만드는 사람을 가리키는 것인데 직장인의 경우에 이것이 말 잘하는 것으로 될 것인가.

'말 잘한다'고 할 때, 논쟁에 강하거나 설득력이 강하거나 재담에 강하거나 하는 것이 사회생활상 필요한 것이기는 하지만 반드시 좋은 것만은 아니라는 것을 이해해야 한다.

직장인의 자기 표현력은 상사에게 자기의 사람됨을 잘 이해하도록 일상의 동작과 대화에서 나타내는 것이 가장 바람직하다.

일에 대한 견해를 묻는다면 평소의 지식이나 경험을 살려서 분명한 근거를 갖고 대화하는 것이 필요하다. 분명한 근거라는 것에는 논리성이나 현실성이 깃들어 있다는 점도 고려하게 되지만 능변이라는 것과는 다르다. 때문에 자기 업무나 주변 업무, 또는 세상 돌아가는 것에 대해서 항상 관심을 갖고 쳐다보고 있으면 전문가적인 지식을 갖추게 된다. 상사의 질문에 대해 전문가적인 입장에서 설명할 수 있다면 상사는 "!" 하는 심정이 될 것이다.

또 하나는 아는 것과 모르는 것을 Yes와 No로 분명히 하는 것이다. 이것이 자기 표현력이다. 또는 평소의 근무 자세가 완벽해야 한다는 것도 중요하다. 평소의 자세가 정직하면 그 사람의 말은 천근의 무게가 있는 것이다. 얼핏 보면 말 잘하는 사람이 일찍 성공하거나 출세하는 듯 보이지만 반드시 그렇지는 않다. 행동관리가 중심이 되고 이 행동이 전문적인 지식으로 뒷받침 될 때, 상사의 인정을 받는 것임을 납득해야 한다. 어떻게 보면 파킨슨의 말은 한 시대 전의 이야기일 것이다.

여성을 움직여야 성공한다

오늘도 당신은 많은 여자를 만난다. 집에서, 회사에서, 거래처에서, 술집에서, 요소요소 중요한 대목마다 여자가 있다. 무서운 무기(돈, 시간, 지식, 생명력)를 가진 그녀들은 엔간한 것을 다 좌지우지한다. 앞으로 어떤 기업도, 개인도 그 여자들의 마음을 얻지 못하면 살아남기 힘든 '감성시대'에 접어들었음을 눈치 빠른 직장이라면 이미 알고 있다.

남자들은 여자의 운치보기에 바쁘다. 남편들은 아내에게 점점 꼼짝 못하고 있다. 여자를 움직이지 못하면 성공할 수 없는 시대를 살고 있는데, 그녀들 마음을 확 사로잡아 내 편을 만드는 비결은 바로 이것이다.

1. 논리보다는 감성적인 접근을 시도하고 드라마타이즈의 기법을 사용하라.

여자들은 이야기, 즉 드라마를 좋아한다. 같은 내용을 가지고도 재미있게 드라마화시켜 얘기해주는 걸 좋아한다.

2. 질투심과 경쟁심을 자극하라.

남보다 내가 못하다는 느낌이 들면 여자는 잠을 못 이룬다. 남보

다 내가 낮게 보이기 위해서는 아무것도 아까울 게 없는 것이 여자
다.

3. 유행에 뒤떨어지지 말라고 충고하라.

유행에 뒤떨어진 여자라는 말은 여자를 슬프게 한다. 유행을 리드
하는 센스를 찾아내 여자에게 알려준다.

4. 이렇게 하면 시선을 끈다고 그 방법을 알려주라.

5. 유명인과의 동일시 심리를 이용하라.

주로 패션광고에서 유명모델을 내세우는 이유가 바로 이 때문이
다.

6. 현명하다고 칭찬하라.

7. 기대에 대한 배반을 시도하라.

그러면 여자들의 관심을 끈다. 김수현 드라마가 재미있는 이유 중
에 하나가 기대에 대한 배반이 있기 때문이다.

8. 일대일의 대화로 유도하라.

많은 여자들 상대로 뭔가를 애기할 때도 일대일로 말하는 것처럼
해야 효과적이다. 바로 나 보고 애기하고 있구나 라고 느끼게 하라.

9. 자신보다 애인이나 남편, 자녀를 위한 일이라고 설득하라.

세계 최대의 생활용품 회사인 P&G가 1회용 기저귀를 처음 내놓았

을 때 주부가 편하다는 주제로 광고를 했지만 반응이 없었다. 나 하나 편하려고 그 비싼 기저귀를 쓸 수 있느냐는 생각 때문이었다. 그래서 '아기가 편하다' 라고 콘셉트를 바꾸었다. 그리고 대성공을 거두었다. 같은 결과이지만 방법이 다르다는 점을 명심하라.

10. 다른 여자는 어떻게 하는가를 말해주라.

11. 제품보다 이미지를 팔아라.

특히 패션이나 디자인 위주의 상품일 경우는 더 그렇다. 그 제품의 특징이 중요한 것이 아니라 그걸 사용하면 내가 어떻게 바뀌는가, 나에게 어떤 이미지를 줄 것인가가 더 중요하게 여겨진다.

12. 진지하게 아부하라.

아부를 좋아하는 것이야 남녀노소를 가리지 않는다. 그러나 아부를 하려면 진지하게 해야 한다. 장난질로 아부하면 아무런 효력이 없다. 진지한 아부는 여자를 움직이는 보석과 같은 힘을 발휘한다.

13. 필요하다면 겁을 주라.

상냥하게 대해줄수록 콧대가 높아져 가는 여자라면 가끔씩 겁을 줄 필요가 있다. 대단한 효과가 있다. 겁을 주는 방법은 여러 가지가 있을 수 있으므로 연구해 보길 바란다.

14. 여자는 재미를 원한다.

남자도 마찬가지겠지만 여자는 재미있으면 시간가는 줄 모른다.

15. 마지막으로 여자는 비극의 주인공이 되고 싶어 한다.

그래서 슬픈 이야기는 여자들이 좋아한다. 소녀 시절에, 시한부 인생을 살고 있는 가냘픈 소녀가 백마 탄 왕자를 만나는 꿈을 가졌던 여자가 많다. 자신이 실제로 비극의 주인공이 되는 것은 원하지 않지만 그런 상황에 푹 빠져 카타르시스를 느끼고 싶은 것이 여자의 진실이다.

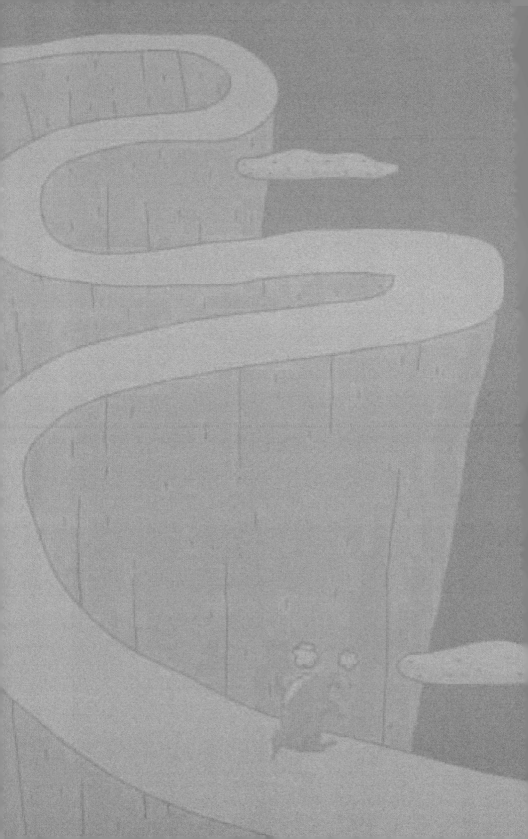

3장

기억력을
되살려라

기억력의 향상은 관찰력의 보강을 통해
증가하다.

기억력은 훈련을 통해 충분히 강해진다

아무리 기억력이 나쁜 사람도 걱정할 필요가 없다. 기억력은 근육과 마찬가지로 훈련하면 할수록 강해진다고 한다.

기억력이 약한 사람은 잘 해보겠다는 생각이 없기 때문이다. 우리들 대부분은 주위에서 일어나는 일을 그저 막연히 바라보고만 있다. 과학자의 말에 의하면 우리들은 뇌가 가진 능력의 4분의 1도 제대로 쓰지 못한다고 하다.

당신의 머릿속에 당신 차의 번호가 즉시 떠오르는가?

기억력의 향상은 관찰력의 보강을 통해 증가한다

회사나 집으로 단골손님 또는 기대할 수 있는 고객을 만나러 갈 경우 그 사람은 쉽게 찾을 수가 있다. 그곳은 늘 그가 있는 곳이기 때문이다. 어떤 얼굴이었지 잘 생각나지 않는 경우라도 일단 가보면 어떻게든 아는 방법이 생기기 마련이다. 가정이나 회사로 찾아가는 경우가 만날 확률이 가장 높긴 하지만 늘 그렇다고 할 수는 없다. 길에서 우연히 만날 때도 있을 것이다.

식당이나 회의장에서 만날 때도 있다. 그렇다 하더라도 기억이 나지 않는다면 다 끝장이다. 일에 악영향을 줄 수 있기 때문이다. 기억력을 높이려고 굳게 마음을 먹게 된 계기가 누구에게나 있을 것이다. 여기에 간단한 사례를 적어 보겠다. 어떤 사나이가 아내와 함께 마이애미에 갔다. 마침 휴가철이어서 집까지 돌아오는 비행기 표를 좀처럼 살 수 없었다. 이제는 틀렸구나 하고 체념하려는 순간 그곳에 아는 사람이 있는 것을 생각해 냈다. 그 사람은 큰 액체가스 회사의 부사장이었다. 곧 전화를 걸어 사정을 이야기 하자 그 사람은 이것저것 온갖 수단을 다해야 40분 후에 두 장의 비행기 표를 구해 주었다.

그 후 3개월, 그는 회의 때문에 어느 호텔에 숙박하고 있었다. 커피숍에서 가솔린 관계의 사람들과 이야기를 나누고 있는데 누군가 저쪽에서 그에게 손을 흔들고 있었다. 여하튼 그도 손을 흔들어 인사를 했으나 누구인지 확실하게 기억이 나지 않았다. 계산서에 사인하고 있을 때 그 낯선 사나이는 그에게 다가와 "다시 만나게 되었군요, 안녕하시지요?" 하고 말하는 것이었다. 그는 당황해 몇 마디 꺼내다가 자리를 피했다. 나중에 낯선 사나이의 이름을 듣고는 무척 놀랐다. 바로 아이애미에서 비행기 표를 알선해 준 사람이었다. 이래서는 안 된다는 생각에 그는 기억력을 높여야겠다는 결심을 하게 되었다.

기억력을 높이려면 우선 관찰력을 보강할 필요가 있다. 그러나 이것만은 기억해두자. 효과를 보기 위해선 무엇보다 최선을 다하려는 노력이 필요하다. 그런 다음에 당신의 기억을 메모리 뱅크에 질서 있게 늘려가야 한다. 이 작업은 기본적으로 두 가지로 성립된다. 하나는 사람의 얼굴과 용모를 파악하는 것, 또 하나는 이름을 기억하는 일이다.

두뇌 체조를 통해 약화된 기억력에 자극을 준다
—

전문가의 말에 의하면 약화된 기억력에 자극을 주려면 매일 두뇌 체조를 하는 것이 가장 좋다고 한다. 다음은 그 한 예이다. 눈을 감고 사무실 안의 모양을 생각한다. 책상이나 의자는 어디에 있는가, 책장의 선반은 몇 개 있는가, 창문에 유리는 몇 장 끼어 있는가, 일에 관한 잡지는 책상 위에 몇 권 놓여 있는가, 그리고 제일 위에 놓인 잡지 제목은.

이런 것들을 하나하나 기억할 수 있다면 이번에는 이웃방에 대해서도 같은 방법으로 생각해 본다.

그 다음은 집중력을 높이는 방법이다. 오늘밤이라도 즉시 마음에 드는 의자에 앉아서 훈련해 보자. 오늘 하루에 일어난 일을 하나하나 생각해 보자. 누구하고 무엇에 대하여 이야기했는가, 어디서 식사했는가, 점심에 무엇을 먹었는가, 누구와 함께 먹었는가, 그 사람은 무엇을 먹었는가, 오늘 밤 몇 마디의 이야기를 했는가 생각해 본다.

상대방의 얼굴을 기억해 낸다

이상과 같이 두뇌의 미용 체조를 며칠 계속하면 이번에는 사람 얼굴을 기억하는 대작업을 시작하자. 여섯 가지 단계를 통해 얼굴을 기억하는 방법을 제시해 보겠다.

1) 우선 만난 사람에 대하여 충분한 관심을 갖고 그 사람을 머릿속에 기억해 둘 것, 다시 사귀게 될 가능성이 있는 사람은 반드시 기억해 두어야 한다.

2) 얼굴을 보라. 얼굴 전체의 이미지를 파악하라. 머리카락, 눈, 코, 머리나 귀의 모양 등 다른 사람과 차별을 둘 수 있는 특징에 대하여 조사한다.

3) 그 사람만이 갖는 개성을 발견할 수 있어야 한다. 예컨대 아이젠하워의 넓은 이마, 처칠의 불독형 얼굴, 브리지트 바르로의 머리형 등등.

4) 얼굴을 종이나 머릿속에 그려본다. 만화가나 미술가처럼 잘 그

리라는 말이 아니다. 초상화는 사실적이지는 않지만 그 사람의 특징을 과장해 그리기 때문에 기억하기 쉽다. 본인에게 보여주는 것이 아니므로 당신이 쉽게 기억할 수 있을 정도면 된다.

5) 다음번에 그 사람을 만나면 초상화를 비교해 보면 된다.

6) 비교한 후에 다시 한 번 그려 보자. 이번에는 이전 보다 더욱 실물과 비슷할 것이다.

대충 이것과 같은 방법으로 또 한 가지 좋은 훈련법이 있다. 3,4명의 친한 사람을 생각하자. 그들의 특징이 무엇인지 머릿속에 그려보라. 이번에는 직장 동료에 대해서 같은 연습을 해본다. 어느 정도 숙달 되었는가를 알려면 대통령이나 제계 유명 인사 등의 얼굴을 머릿속에 그리고 그것과 신문의 사진에 실린 그 사람들의 초상화와 비교해 보면 된다.

상대의 이름을 정확하게 기억하는 방법

많은 사람들은 얼굴보다 이름 외우기를 더 귀찮아한다. 사람과 만나는 경우를 생각해 본다면 당연한 일일지도 모른다. 어떤 사람에게 소개될 때나 소개를 받을 때나 이름은 한 번 밖에 사용하지 못하지만 얼굴은 헤어질 때까지 보고 있기 때문이다. 얼굴은 기억나는데 이름이 전혀 생각나지 않는 것도 이 때문이다.

1) 그 사람의 이름을 정확히 머릿속에 외워둔다. 상대 이름을 머릿

속에 새겨둘 때까지는 그 사람에 대한 여러 가지를 기억하거나 무엇을 이야기할까 따위를 생각하지 않는다. 상대 이름이 특이하거나 잘 못 들었을 때는 서슴지 말고 다시 물어 보아야 한다. 상대는 화내기는커녕 자기 이름을 정확히 외우려는 것을 알고 흔쾌히 가르쳐 줄 것이다. 상대 이름을 가볍게 읊조리거나 종이에 써보면 정확하게 새겨 둘 수 있을 것이다.

2) 상대에게서 그의 이름을 소개받은 즉시 이름을 불러본다. "만나 뵈어서 영광입니다. ○○씨"와 같이. 이렇게 한다면 처음 만나 상대 이름을 제대로 발음하지 못할 때 정정 받을 수 있는 장점이 있다. 이런 방법을 통해 아무튼 상대 얼굴이나 이름이 가능한 한 머리에 빨리 새겨 지도록 노력해야 한다. 그렇게 하는 편이 상대에게도 만족스러울 것은 뻔하다.

3) 대화를 나누는 도중에라도 될 수 있는 대로 상대 이름을 되풀이 불러 볼 것. 그 횟수가 많을수록 그 만큼 머릿속에 확실히 새겨진다.

4) 상대 이름을 당신의 수첩에 기입해 둔다. 이것 역시 이름을 기억하는 방법의 하나다. 때문에 메모지나 수첩을 항상 가지고 다니도록 하자. 그리고 이름을 몇 번씩 발음해 본다.

연상 작용을 통해 상대 이름을 기억하자

새로 알게 된 사람의 얼굴은 물론, 이름까지 똑바로 외우기 위해서는 당연히 여러 가지 노력이 필요하다.

전문가들은 위의 네 가지 항목을 이용한다면 확실히 기억할 수 있다고 한다. 이번에는 상대 이름과 그 사람 특유의 사항, 예컨대 얼굴 표정이나 직업 등을 결부시켜 본다. 상대방에 관하여 당신이 중요하다고 판단한 것과 이름을 결부시키는 것이다. 이것을 "연상"이라고 한다.

간단히 말해서 당신 머릿속에 그 사람에 관련된 어떤 사항, 생각을 연관시키고 당신이 기억해내고 싶은 부분을 생각하면 나머지는 저절로 생각이 나도록 하는 두뇌 체조가 바로 연상이다. 이것은 생각처럼 어렵지 않을 것이다. 이름에는 각각 뜻이 있다. 외국인 이름도 예외는 아니다. 물론 연상이 즉시 되려면 시간과 노력이 필요하다. 그렇지만 숙달됨에 따라 시간과 노력은 절약될 것이다.

실버씨가 은발의 신사이면 이 이상 쉬운 연싱은 없다. 밀리에서 그를 보아도 당신 머리에 그의 이름이 전파를 타고 전해질 것이다. 이름에 따라서는 그것을 연상하는 공통어를 찾아낼 수도 있다. 블랙, 화이트, 그레이, 그린은 물론 색이고, 베이커, 스미스, 카펜터, 테일러, 슈메이커 따위는 직업, 스프링, 섬, 마치, 메이는 계절, 스트롱, 스트렌지스몰 따위는 형용사라는 공통점이 발견되므로 기억이 쉬워진다.

더 명확한 이름도 있다. 폭크스, 라이언, 리버, 레이크 따위가 그예이나. 유명인과 같은 농냉이빈인 사람도 있을 것이다. 그런 경우는 그 유명인과 결부시켜 기억해 두면 된다. 영화스타인 경우도 있을 것이고, 스포츠 선수, 정치가인 경우도 있을 것이다.

상대의 특징을 통해 그의 까다로운 이름을 기억하자
—

"그렇게 간단한 이름만 있다면 고생할 것이 없지요." 하고 말 하는 사람도 있을 것이다. 그러면 그런 경우 어떻게 할까. 이 경우는 말장난처럼 "억지로 끼워 맞추기"가 효과적이다. 즉 비슷한 단어와 연결시키는 것이다.

Berra-Beer

Checkrow-Chestnut

Diesman-Diamond

Serif-Syrup

또 니켈 씨는 둥글둥글한 코인 같은 얼굴이다 하고 외우는 것은 어떨까. 이와 같은 말장난이나 억지로 끼워 맞추기는 유치하게 여겨지기도 하지만 실은 그렇게만 생각할 것은 아니다. 시시하지만 연상이란 점에서 생각하면 효과적이다.

연상력을 기르는 좋은 방법을 소개하자. 당신의 전화번호 책을 준비하고 어디라도 좋으니 펴 본다. 그리고 하나를 골라서 그 사람의 이름에서부터 다른 사람의 이름이나 여러 가지 일을 연상해 본다. 처음에는 사진 같은 것이 필요할지 모르나 연습하다 보면 연달아 연상이 튀어 나오기 마련이다. 어린이들조차 이런 식으로 놀 정도임에도 어른들에겐 이런 비슷한 노력조차 하지 않는 게으름뱅이가 많은 것 같다. 이상에서 말한 요점을 정리해 보면 다음과 같다.

1) 사람 이름에서 생각나는 것을 확실한 이미지로서 그려낸다.
2) 이름이 유명인과 같다면 그 두 사람의 이미지를 머릿속에서 맞추어 본다.
3) 그 사람의 이름에서 구체적인 이미지가 하나도 떠오르지 않으면 그 이름을 생각나게 하는 단서가 될 단어를 찾아낸다.

한꺼번에 여러 사람의 이름을 기억하는 요령

이번에는 좀 더 복잡한 방법이다. 회의나 모임에 출석했을 때 어떻게 하면 좋을까. 대기실에서 많은 사람들이 잇따라 말을 건네 온다. 이름과 얼굴이 일치하지 않는다. 한 사람 한 사람의 이름을 모두 외울 수 없고 그저 "만나게 되어 반갑습니다."로 얼버무린다. 그런데 출석자의 이름을 기억하는 것을 생각하면 그다지 힘든 일은 아니다. 물론 노력은 필요하다. 그래서 많은 사람이 모이는 곳에서 그들의 이름을 외우는 방법을 아래에 소개한다.

1) 회의장에 남보다 일찍 들어간다. 나중에는 출석자로 회의장이 혼잡할 것은 뻔 한 일이다. 아직은 입장한 사람이 적고 모두 조용하므로 그 사이에 한 사람 한 사람을 만나 소개를 받는다.
2) 몇 분마다 회의장 구석에 가서 그 사이에 들었던 이름을 되풀이하여 암기한다. 그리고 모두를 바라다보면서 이 사람은 누구, 저

사람은 누구 하고 확인한다.

3) 이름을 기억하기 위하여 천천히 소개해줄 것을 부탁한다.

4) 회의가 끝나 집에 돌아오면 바로 책상에 앉아 오늘 만난 사람의 이름을 또 한 번 확인하고 그 얼굴을 생각한다. 이때는 연상을 하기 위한 매우 편리한 시간이다.

5) 그 후 2,3일 동안은 회의장에서 만났던 사람들에 관한 것을 이것저것 상기해 본다. 기억해 내는 시간은 2,3분 동안이면 충분하다.

기억력을 높이기 위해서는 이와 같이 상당한 노력이 필요하다. 그렇지만 노력한 후엔 큰 보람이 따르기 마련이다. 노력하면 반드시 기억력이 좋아진다. 가능한 많은 시간을 메모리 뱅크에 투자해 사람의 이름을 외우도록 해보자. 업무 수행에서 틀림없이 만족할 만한 이자가 따라올 것이다.

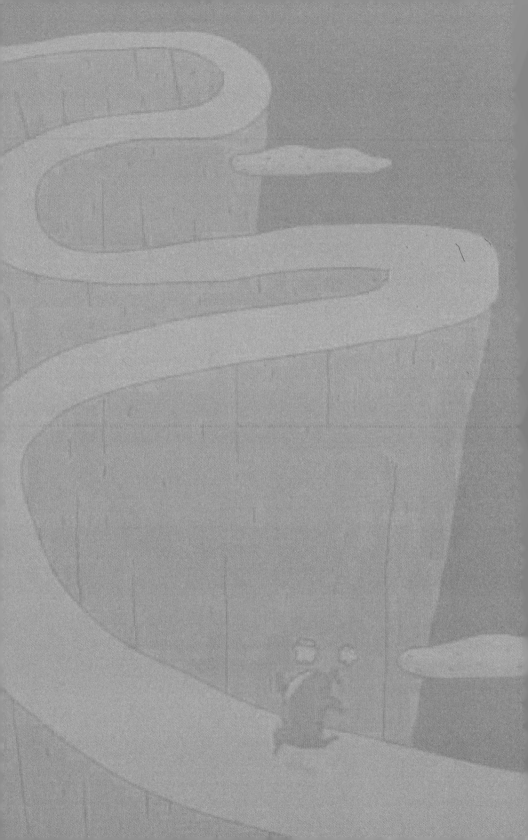

4장

능숙한
청취법

듣기만으로도 사람의 호감을 살 수 있
다

상대방의 이야기를 주의 깊게 청취한다

남의 이야기를 듣는 재능만 있으면 막대한 이득을 얻을 권리가 보장되어 있는데도 유감스럽게도 이것을 똑바로 받아들이는 사람을 거의 찾아 볼 수 없다.

하루의 활동에서 능률을 25% 향상시킬 수 있는 방법이 있을까?

남의 이야기를 듣기 위한 능률이라면 높일 수 있다. 일단 평일의 시간을 분석해 보자. 얼마나 많은 시간이 헛되이 소비되고 있는지 잘 알 수 있다.

듣기만으로도 사람의 호감을 살 수 있다

사람들에게 호감을 줄 수 있는 방법은 간단하다. 다른 사람의 말을 보다 열심히 듣는 것이다. 요컨대 사람의 마음을 장악하기 위한 가장 중요한 핵심은 남의 말을 잘 듣는 일이다. 상대에게 자기주장을 이야기하고 설득하려고만 들지 말고 상대의 말에 열심히 귀를 기울임으로써 상대가 말하고자 하는 전부를 말할 수 있도록 분위기를 만드는 것이 일을 빠르게 마무리할 수 있는 지름길이다.

〈상대가 뭔가 말하고자 하는 것이 아직 남아 있는 한 이쪽에서 무슨 말을 하더라도 소용이 없다〉고 한다. 상대방이 이야기 하고 싶어 하는 것은 빠짐없이 듣도록 한다. 할 말이 계속해서 남아 있다면 상대방은 그 어떤 설득에도 반응하지 않는다고 한다. 카네기가 설명하는 이 「듣기를 잘하는 것」의 메커니즘은 상당히 설득력이 있다.

협상도 마찬가지다. 상대가 이쪽을 향해 자신의 의견이나 조건에 대해 신이 나서 내뱉기 시작하면 그것에 정면으로 대항하지 않는다.

이야기를 듣고 싶다는 자세를 취하고 상대가 말하고자 하는 것을 모두 말할 수 있게 한다.

그러나 실제로 잘 듣는 일이란 그렇게 만만한 일이 아니다. '잘 듣는 것'은 말할 필요도 없고, 일단 상대방의 이야기를 듣는다고 하는 기본적인 태도를 갖춘 사람조차 드물기 때문이다.

듣기, 과연 어려운 일인가

그러면 읽거나 쓰는 것에 비하여 듣는 것이 왜 어려운가. 하나는 말에 의한 커뮤니케이션이기 때문에 신경을 집중하여 들어야 한다는 점을 들 수 있다. 신경을 집중하여 듣다 보면 뇌의 활동이 저하되는 경향이 있다. 쉴 새 없이 뇌를 활동하기 때문에 가끔 휴식이 필요하고 다른 일에 관심이 쏠리는 일도 생기게 된다. 때문에 실제로 듣는 능률이란 시간이 지날수록 상당히 저하되기 마련이다.

듣는 일에도 일종의 기술이 필요하다

듣는 것은 분명히 하나의 기술이고 드는 사람에게 많은 이익을 가져다준다. 새로운 것을 배울 수 있고 지식량을 늘릴 수 있거나 이야기를 듣고 즐거운 시간을 보낼 수도 있다. 따라서 다른 사람과 사이 좋게 지낼 수도 있을 것이다. 일반적으로 사람은 듣는 것보다 이야기하는 쪽을 좋아한다. 만약 상대편이 지껄이고 싶은 대로 지껄이게 해준다면 틀림없이 당신은 고맙다는 말을 들을 것이다. 그런데 이런 일들은 당신 자신을 악기의 공명판과 같이 단지 듣는 기계로 만들어 버릴 위험성이 다분히 있다.

앞에서 말한바와 같이 우리들은 재잘재잘 지껄이고 시시한 잡담을 하는 일에 시간을 낭비하기 쉽다. 당신 귀를 빌려주는 것은 돈을 빌려주는 것과 같다고 생각하여 신중히 조심을 해야 될 것이다.

상대의 이야기가 따분한 이유는

듣는 방법이 서툰 원인은 대충 이렇다.

1) 자기 생각을 상대에게 전하기에 바쁜 나머지 상대가 무엇인가 말하고 싶어 하는 것을 아는 데도 전혀 마음에 두지 않는다.
2) 남의 말 듣기가 귀찮다. 편안한 마음으로 상대가 지껄이는 대로 그대로 내버려 두도록 한다.
3) 남의 말을 잘 듣는 데도 노력이 필요하다는 것을 잊고 있다.

일단 잘 듣는 습관이 붙으면 훌륭한 청취자가 될 수 있다.

상대의 이야기에 빠질 수 있는 방법

여기서 말하려는 것은 더욱 효과적으로 남의 말을 듣는 몇 가지 힌트이다. 부차적인 설명은 추후에 다시 자세하게 말하겠다.

1) 이야기를 들으면서 그 말끝을 알아차린다. 이 이야기는 어떤 방향으로 전개될 것인가. 말하는 사람의 결론은 어떻게 될 것인가. 결국 이야기의 내용을 먼저 알아내야 한다.
2) 이야기의 포인트를 명확히 하기 위해 이야기하는 사람이 특히 강조하는 증언과 예 등을 중시하라.
3) 대화하는 동안 상대 이야기의 내용을 계속해서 음미한다.
4) 말 속에 숨어 있는 참 뜻을 알아낸다. 입으로는 말하고 있지 않

으나 뭔가 말하고 싶은 것이 있을 것이다. 그 점을 알아낼 필요가 있다. 이야기하는 모습, 얼굴 표정을 보고 있으면 무엇을 말하려고 하는지 잘 알 것이다. 이와 같이 말로 표현되지 않는 커뮤니케이션에는 그 사람의 참뜻이 꽤 많이 내포되어 있다. 따라서 상대가 이야기하는 내용과 밖으로 나타난, 말로 표현되지 않는 커뮤니케이션과의 사이에 모순이 있을 때는 후자를 취하면 아마 틀림없을 것이다.

5) 상대 이야기에 100% 집중할 수 없으면 그 사람에게 몇 가지 질문을 하는 게 좋다. 그 대답을 들음으로써 이야기 내용을 충분히 이해할 수 있을뿐더러 지금까지 들은 것을 완전히 요약할 수 있게 된다.

6) 어쨌든 상대편 이야기에 집중해야 한다. 지금부터 회의나 그 밖의 모임에 참가하게 되면 말하는 사람의 이야기에 주의를 집중시키자. 노트필기는 하지 말고 이야기가 끝나면 발언 내용을 요약해 본다. 글쎄, 어느 정도 할 수 있을까. 이 훈련방법으로서는 라디오나 TV에서 이야기하는 사람의 발언 내용을 다 듣고 난 후에 위에서 제시한 대로 정리해 보는 방법도 있다. 또 아내나 친구에게 연설이나 신문 사설을 읽게 하여 그것을 요약하는 연습을 하는 것도 좋다.

이런 식으로 한두 번 하다보면 당신의 집중력은 급속히 높아 질 것이다. 이 연습은 시간이 있을 때마다 반복하는 것이 좋다.

끝까지 들어야 한다

남의 이야기를 잘 듣는 일에 장애가 되는 것은 쓸데없는 고집이다.
우리들은 상대와 의견이 다르면 그것을 받아들이려 하지 않고 상
대 이야기에 귀를 기울이지 않는다. 어쨌든 대화를 성공적으로 이끌
기 위해서는 끝까지 이야기를 들어보는 일이 필요하다. 이야기가 끝
날 때까지 가치 부여, 판단, 혹은 태도 결정을 보류하는 것이다. 내
용의 음미는 그 후라도 늦지 않다. 그리고 이야기 가운데 오해하고
있었던 점과 올바르게 이해했던 점을 확실히 선별한다. 그 결과 당
신은 자기중심적이며 타인의 말은 늘 틀렸다고 생각해왔다는 것을
알게 될 것이다. 그리고 이래서는 안 되겠다는 반성과 함께 남의 이
야기에 귀를 기울이게 될 것이다.

말을 들어 주는 일도 사고파는 일과 비슷하다

남이야기 듣는 법은 이런 정도로 그치고 실천법으로 옮기자. 여기
서는 우리들의 일상생활에서 늘 접하는 중요한 두 가지 국면– 사는
것과 파는 것–을 가지고 잘 듣는 법을 취급하기로 한다.
그런데 세일즈맨을 앞에 두고 가장 문제가 되는 것은 줄줄 잇따라
지껄여 대는 "나쁘지 않은 이야기"에 어떻게 대응하느냐는 일이다.
제품이든 서비스 또는 아이디어이든 사정은 마찬가지이다. 이런
상황에서는 일반적으로 말하는 편이 유리하다. 다음의 세 가지는 말

하기를 유리한 방향으로 이끄는 키포인트다.

1) 시간, 책을 읽을 때는 반복해서 읽거나 생각해 볼 시간이 있다.

2) 일반적으로 사람은 상대의 말을 모두 듣는 것이 아니기 때문에 구입 시의 저항감은 시간이 지남에 따라 점점 약화될 수 있다.

3) 문자로 정착되면 몇 번이나 반복해서 읽게 되므로 글 쓰는 사람은 말 고르기에 매우 고심한다. 그런데 테이프 레코더가 아닌 한, 말하는 사람은 얼마든지 특별 서비스해 주는 것처럼 말할 수 있다.

이야기 속의 허점을 파악한다
———

세일즈맨이 당신에게 뭔가 팔려고 할 때 그는 두 가지 방법 중의 하나를 쓴다. 물론 두 가지를 능숙하게 혼합 시킬 때도 있다.

첫째 타입은 소극적인 판매법이다. 여러 가지 조건을 늘어놓고 당신 생각이 결정할 수 있도록 하는 수법이다. 세일즈맨은 판매품에 대해서 좋은 점 나쁜 점을 몽땅 털어 놓는다. 그리고 자기 의견을 통합하여 어떻습니까 하고 나온다. 이야기를 자세히 듣고 있으면 사야 할지 말아야 할지 판단이 서게 된다.

둘째 타입의 판매법에 대해서는 판단 내리기가 약간 곤란하다. 세일즈맨은 모두 이야기하지 않는다. 그는 어떻게 해서든 팔아 남기려고 듣기 좋은 말을 늘어놓는다. 중요한 포인트는 빼어 버려도 태연하다. 상품명을 멋대로 연발하고 있는 말, 없는 말 마구, 마구 지껄여댄다.

공정한 입장에서 이 둘째 타입에도 좋은 점과 나쁜 점은 있다. 사느냐 안 사느냐의 결정은 완전히 당신에게 달려 있다. 물론 이런 세일즈맨에 대하여 현명한 당신이라면 "잠깐 생각해 보겠소."라고 말하겠지만 yes, no의 대답이 강요될 때는 곧 "No"라고 명확히 말하는 것이 좋다.

이야기 속의 사실 여부를 판별하는 방법
—

남의 의견을 듣고 그것이 정말 옳은지 그른지 조사하는 방법이 있다. 뭔가 판단이 필요할 때 이용하면 된다.

1. 시간을 조사한다.
이야기 내용이 시대에 뒤떨어진 것이 아닌가를 본다. 어제 옳았다고 오늘도 통용된다고는 할 수 없다.

2. 이야기의 신빙성을 조사한다.
말하는 본인 자신이 이야기 내용을 올바르게 이해하고 있는지도 알아본다.

3. 편견이 없는가 조사한다.
말하는 사람이 정말 중립의 입장을 취하고 있는지, 때때로 편견을 가지고 있을 수도 있으므로 조심해야 한다.

4. 숨기는 부분이 있는지 조사한다.

사실 그대로 모든 것을 말하고 있는가. 만약 감추는 것이 있다면 그 이유를 생각해 본다.

말을 잘 들어주는 사람은 상품판매에도 유리하다

지금까지는 사는 쪽의 입장에서 이야기를 했다. 이번에는 남의 말을 잘 듣는 사람이 얼마나 세일즈를 잘 할 수 있는지 생각해 보자. 일단 세일즈를 해보면 듣는 것이 얼마나 중요한가 잘 알 수 있다. 상대 이야기에 진지하게 귀를 기울이고 질문을 하며, 또 귀를 기울이는 태도를 보여주면 상대편의 마음을 확실히 잡아끌 수 있을 것이다. 이것은 우수한 세일즈맨의 강력한 무기이다. 손님은 자기의 욕구나 문제를 잘 알고 이해해 주는 세일즈맨에게 결국 우호적인 태도를 취하기 마련이다.

더 간단히 말하면 손님이 무엇을 원하고 어떤 문제를 안고 있는가를 알기 위해선 듣는 것이 가장 좋은 방법이 된다. 거기서 무엇을 원하는가, 무엇을 사려고 하는가를 알 수 있기 때문이다. "무엇보다 우선 들어라"란 판매법은 세일즈의 핵심을 지르는 제언이다. 손님이 무엇을 구하고 필요로 하는가 알지 못하면 당신은 신용을 어떻게 얻고 상품을 어떻게 팔면 좋은지 알 수 없을 것이다. 배우 빤빤한 신세이지만 유감스럽게도 잘 모르는 세일즈맨이 많다.

5장

직장에서
트러블을
잘 처리하라

문제해결 이전에 예방이 중요하다.

아스피린 시대

역사가는 '암흑시대' '문예 부흥기' '산업혁명' 이라는 것라고 같이 그 시대를 명명할 적합한 이름을 억지로라도 붙이려고 한다. 앞으로 우리들이 살고 있는 이 시대는 '아스피린 시대' 라고 불릴지도 모른다. 비즈니스에서나 일상생활에서나 우리들은 가지각색의 문제로 고민한다. 이와 같은 많은 문제가 매년 엄청나게 증가하는 아스피린 소비와 전혀 무관하다고는 볼 수 없기 때문이다.

앞에서 우리들은 의사 결정에 대하여 배웠다. 모든 문제들이 가지고 있는 분명한 것은 걱정거리를 제거하기 위해서는 어떤 결정을 내려야만 한다는 것이다. 결정과 문제와는 분리될 수 없을 때가 많다.

그러나 결정을 필요로 하는 행동 모두가 문제와 관계있다고는 말하기 어렵다. 현대 사회 환경이나 비즈니스 사회는 시시각각 긴급한 문제를 제기하고 있다. 인간에 관한 문제, 설비 문제, 제품이나 서비스에 관한 문제 등이 산적해 있다.

그래서 이런 문제를 해결하기 위한 간단한 공식을 몇 가지 소개하기로 한다. 이것을 활용하여 성공으로의 길을 밟아나가길 바란다.

걱정거리는 극복할 수 있다

고민거리가 많은 사람에게는 몸과 마음에 긴장이 숨어든다. 문제를 신속히 처리하고 싶으면 뭣보다 이 걱정거리를 극복할 필요가 있다. 흐지부지 걱정거리를 넘어가는 사람이 얼마나 많은가. 이점이 사물의 직시를 가로막는 최대의 적임을 알아야 한다.

걱정거리를 극복하기 위해서는 마음을 굳게 가지는 것은 물론 문제가 생길 때마다 순차적으로 해결해 나가는 것이 중요하다. 이렇게 하여 강한 정신력을 몸에 지니게 되면 이제는 안심이다. 자동차 핸들을 잡는 순간 무의식중에 차를 운전할 수 있는 것처럼 문제해결도 자동적으로 처리될 수 있기 때문이다.

문제 해결 이전에 예방이 중요하다

문제 해결의 가장 간단한 방법은 문제가 일어나지 않도록 예방하는 것이다. 집, 자동차, 난방기구, 기타 무엇이든지 평소 충분히 손질하여 보전하도록 하는 것 외에는 그 이상의 예방법은 없다. 비즈니스 사회에서는 이 일을 예방적 유지라고 한다.

문제 해결을 위한 공식

의사 결정을 하는 과정에는 6가지 단계가 있음을 이미 말했다. 문제 해결의 공식은 다음 4가지 단계로 성립한다. 어느 것이나 트러블을 처리하기 위한 도움이 될 수 있을 것이다.

1) 정보를 가능한 한 많이 수집하고 문제의 소재를 찾아낸다.
2) 수집된 정보의 중요도를 보고 어떤 행동을 해야 하는가 결정한다.
3) 해결안에 따라서 행동한다.
4) 잘 되었는지 결과를 측정한다.

문제의 소지가 될 만한 것을 찾아본다

우선 첫째, 문제의 소재를 알아내어 명확히 해 둔다. 문제를 해결하려고 해도 정확히 무엇을 해결해야 하는지 모르고서는 어찌할 도리가 없기 때문이다. 이제 아내를 태우고 자가용으로 쇼핑한다고 하자. 돌연히 차가 멈췄다. 이런 경우 누구나 우선 기름이 떨어지지 않았는지 확인할 것이다. 기름이 떨어졌다면 기름을 넣으면 된다. 그런데 기름이 충분히 있는 것을 알면 어떻게 하면 되겠는가. 왜 차가 멈췄나 더 자세히 조사를 해야 할 것이다.

이럴 때는 정보가 많으면 많을수록 문제 해결이 쉽다. 지금 도대체 무엇이 문제인가를 충분히 상황 판단 못 하면 앞으로 닥쳐올 문제가 걱정이다. 다시 한 번 말하지만 정보를 수집할 것. 그것도 가능한 수집할 수 있는 모든 정보를 모으는 것이다.

문제의 우선순위를 정한다

문제가 무엇이고 어떤 방책과 행동을 취해야 하는가를 알아내려면 문제의 전체상을 확실히 파악해 두지 않으면 안 된다.

필요하면 부하들과 함께 의논한다. 그래서 사실이 명확히 인식된 시점에서 다음 단계로 옮긴다. 정보, 사실의 수집이 끝나면 이번에는 활용할 수 있는 것과 활용할 수 없는 것으로 나눈다. 정보의 가치를 정해 두고 쓸모 여부에 따라 선택하는 일이다. 그리고 조사된 정보의 가치 정도에 따라 어떤 조치를 취하면 되는가 궁리한다.

대부분 해결책이 하나인 경우는 없다. 오히려 과거의 경험이 효력을 발휘할 것이다. 이전에 해본 가장 성공률 높은 해결책을 택하여 그것을 실행해 본다.

처음 접하는 문제인 경우에는 관계자 전원에게 미치는 영향을 충분히 고려해야 할 것이다.

이상을 정리해 보면 우선 모든 정보를 수집하고 그들의 상호관계를 발견하여 선례가 없었는지를 조사한다. 그 후에 당신이 무엇을 해야 하는지를 결정하고, 취한 행동이 회사, 주위, 관계자, 그리고 당신 자신에 미치는 영향을 생각한다.

해결책은 실행에 옮기기 위하여 존재한다

그런데 여러 가지 고생 끝에 의사를 결정했다 하더라도 실행에 옮기지 않는다면 아무 소용이 없을 것이다.

혼자서 일을 진행할 경우도 있을 것이고 다른 사람의 도움 없이는 할 수 없는 일도 있을 것이다. 가령 이웃집 담벼락이 경계선을 넘을 때는 변호사의 도움이 필요하기 때문이다.

자기 혼자 여러 가지로 궁리해 보고 결국 변호사와 같은 전문가에 의뢰하기로 했다고 해서 그것으로 일단 일이 끝난 것은 아니다. 누구에게 그 일을 부탁할 것인가. 일의 한계선은 어떻게 정할 것인가. 또 언제까지 해달라고 요구할 것인가 등 조정하는 일이 남아있기 때문이다.

행동을 취한 후의 마무리를 체크하라

아직 안심하기에는 이르다. 생각에 따라서는 지금부터가 트러블 처리에서 제일 중요한 시기이다. 당신의 행동 결과를 체크할 필요가 있다. 모든 것이 순조로우면 다행이지만 아직 문제가 있다면 또 한 번 전체를 되돌아보고 어디가 잘못되었는지 검토할 필요가 있다.

이 추적은 당신이 해결책을 실행에 옮김과 동시에 시작해야 한다. 그리고 완전히 납득이 가는 해결을 얻을 때까지 이 추적을 계속할 필요가 있다. 남에게 부탁하여 일을 진행할 때는 그들의 행동을 철저히 감독할 필요가 있다.

트러블이 잘 해결되면 그로 인해 이익을 받은 사람은 아주 고맙게 생각한다. 당신이 문제를 원만히 해결하게 되면 상사가 당신을 보는 눈 또한 달라질 것이다. 그의 뒷받침으로 승진도 가능해진다. 당신이 회사를 경영하고 있는 경우라면 출입업자, 거래은행, 친구나 이웃 사이에서 당신의 평가는 높아지고 리더십도 발휘할 수 있게 된다.

상대에 대한 관심으로 호감을 살 수 있다

사람이 사람 대 사람으로 서로 알고 믿게 된다면 그 사람이 무슨 잘못을 저질러도 용서가 가능하지만 그렇지 못한 경우는 아무리 잘하더라도 그에게 관심을 갖지 않는다고 한다. 선거에서 후보에 관심을 갖는 유권자가 선거의 당락을 좌우하듯이 사업에도 이런 현상은 마찬가지로 일어난다.

회사에서 엄격하지만 남에게 호감을 사는 간부는 장차 엘리트 경영인이 될 가능성이 있다. 그러면 남의 호감을 살려면 어떻게 해야 하는가? 여기에는 정석은 없다. 그러나 남의 호감을 살 수 있는 자질은 지적할 수 있다.

우선 이런 사람의 대부분이 낙관적으로 생활한다. 이런 낙관론자들은 다른 사람에게 희망과 해결방안을 모색해 줄 뿐 아니라 자신도 자주 다른 사람의 도움을 청한다. 그러는 반면 항상 부정적인 생각을 가지고 비관적으로 사는 사람은 문제가 생기면 더 이상 어쩔 도리가 없다는 식으로 해결방안보다는 일찌감치 포기해 버리는 일이 다반사이며 특히 남에게도 이런 영향을 미친다. 만약 문제가 생겼을 때 내가 왜, 왜 나만…… 이런 생각으로 주변 세상이 자기에게만 시련을 준다고 생각하는 사람들이 있다면 그 사람들은 피하고 싶은 게 인지상정이다.

그러나 남에게 호감을 사는 사람은 자기연민을 하지 않고 우선적으로 남을 도울 뿐 아니라 자기 자신의 일을 아무리 작은 것이라도 소중히 생각하며 즐겁게 생활한다.

남에게 호감을 주는 사람이 지니는 또 다른 특징은 주변의 사람을 편안하게 해준다는 것이다. 이것은 자신의 감정을 자제할 줄 아는 사람에게 찾아볼 수 있는 특징이다. 이런 사람은 다른 사람들을 있는 그대로 받아들여 그들의 능력을 최대한 발휘하게 하여 더 생산적인 사람들로 만든다. 그렇지 못한 사람은 무조건 생산 능률만 올리려고 집요하게 심지어 인정사정없는 방식으로 남에게 강요하려 한다.

경험으로 볼 때 이런 사람들은 당장 눈앞에서는 최대의 능률을 올려 이익을 내는 것 같지만 오랜 지속력은 가지고 있지 못한다. 이런 경영인들은 부하들이나 동료들이 오만하고 적의와 공격성을 내뿜기 때문에 장기전에서 약하다. 말하자면 그들은 성적으로 우등생이지만 인기투표에서는 낙제생이다. 그래서 그들은 한계가 쉽게 오므로 발전하지 못하고 사업을 그르치게 된다.

직장을 자주 옮기는 대다수의 사람들을 보면 그 이유는 성격상의 모순 때문이지 능력의 유무에 있는 것이 아니다. 중간 경영층 이상의 지위에 오르게 되면 그때부터는 상사와의 의사소통기술 그리고 밑의 사람을 움직이는 기술이 승진의 중요한 기준이 된다.

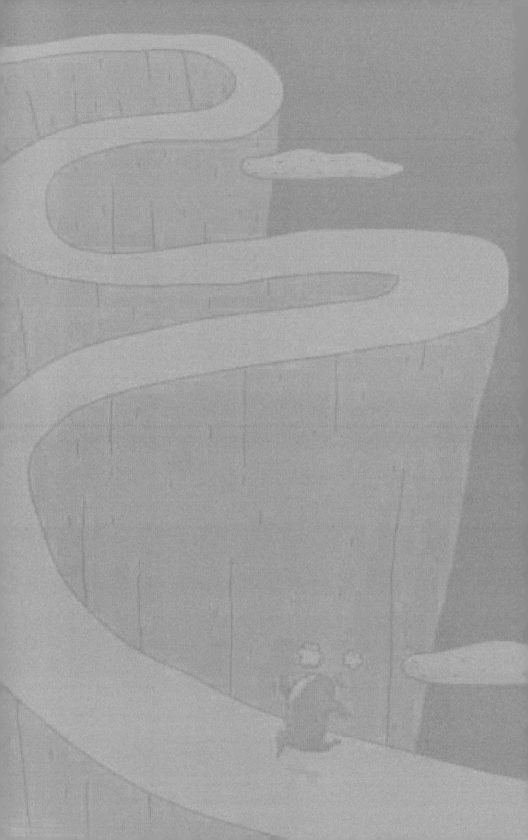

6장

긍정에
필요한
리더십

모든 것을 골고루 다 잘 하기란 불가능
하겠지만 자신의 전공이나 관심 분야 외
에도 상당한 식견을 갖출 필요가 있다.

완벽한 리더란 어떤 사람일까
——

리더는 모든 부분에서 균형 잡힌 인격을 갖추고 있어야 한다. 사람이 모든 것을 구비한 인격을 갖추는 것이 불가능하게 생각될지 모르지만 리더가 되려면 계속적인 훈련과 노력을 통해 자신의 약점을 바꿀 수 있어야 한다.

대부분의 리더들은 능력과 자질은 뛰어나지만 균형 잡힌 인격을 갖춘 경우는 매우 드물다. 사상적인 면이 탁월하면 행동력이 약하고, 행동력이 강하면 사고력이 약한 리더들을 많이 발견할 수 있다. 이런 리더들은 다음에서 제시하는 훈련을 통해 인격을 골고루 갖춘 사람으로 변신해야 한다.

우선 올바른 정신에 올바른 생각이 생기면 마련이므로 올바로 생각하는 훈련을 길러야 한다. 이 훈련을 계속하면 겉으로 들어나는 것과 표출되지 않는 것도 알아볼 수 있는 능력이 생기게 된다. 나무도 보고 숲도 볼 수 있는 시간적인 여유를 항상 가지고 있어 깊은 사색을 통해 통찰력을 기른다. 생각하는 습관은 모든 일을 유리한 쪽으로 돌릴 수 있는 가능성을 향상시킬 것이다.

둘째, 모든 일에 성실하려는 마음자세를 가져라. 그러기 위해서 약속을 잘 지켜야 한다. 약속은 그 사람의 성실성 여부를 판가름하는 척도가 되므로 지키지 못할 약속은 아예 하지 않으며, 한 번 한 약속은 자기에게 손해가 되어도 지켜야 한다. 리더는 자기의 의견을 자주 바꾸거나 취소해서는 안 된다. 약속은 잘 지킴으로 해서 그 사람의 인격은 한 단계 앞으로 나아가는 것이다. 약속을 잘 지키기 위해서 모든 일을 신중하게 결정해라.

셋째, 수준 높은 교양을 지녀야 한다. 견문이 넓어야 하고 관심을 갖고 있는 분야가 많아야 한다. 모든 것을 골고루 다 잘 하기란 불가능하겠지만 자신의 전공이나 관심 분야 외에도 상당한 식견을 갖출 필요가 있다. 이런 수준 높은 교양을 지닐 때 옹종하지도 편파적이지도 않은 리더가 될 수 있는 것이다.

넷째, 자신을 잘 통제할 수 있는 능력을 지녀야 한다. 자신의 통제력을 시험해 볼 수 있는 경우는 기분이 상할 때, 모든 일이 제대로 안될 때, 그리고 부하가 실수를 저질렀을 때 등이다. 이때는 자신의 약점이 가장 잘 노출되기 쉬운 때이다. 인격자라 함은 자신을 잘 통제할 수 있는 사람을 말한다. 훈련에 또 훈련을 거듭해도 이루기 어려운 것이 자기 통제의 능력이다.

리더는 부하에게 능력에 맞는 일을 부여할 줄 안다
—

리더에게 요구되는 것은 결단력, 지도력, 관리 능력 등이다. 자세한 업무는 각 부서의 사람들이 담당하는 것이므로 리더는 스스로 처리하는 능력보다 부하에게 일을 분담하는 능력이 뛰어나야 한다.

그런데 일을 잘하는 사람일수록 다른 사람에게 맡길 경우 제대로 일을 완수하지 못하는 경우가 종종 있다. 프로야구 선수 시절에 스타로 이름을 날렸던 사람이 감독을 하면서 후진 양성이 뜻대로 되지 않자 차라리 보고 있는 것보다는 자신이 직접 그라운드에 나서서 던지고 때리고 싶어 하는 경우가 있다. 이것은 일반 사원으로서는 유능할지 모르지만 간부나 리더로서는 아직 초보라는 말을 이해하기 위한 좋은 예다.

'그런 것도 제대로 못 하고 뭘 하고 있는가' 하고 들들 볶거나 잔소리하는 상사, 마침내는 '내가 하는 편이 빠르겠어' 하면서 일을 빼앗아 직접 하는 상사는 나중에라도 부하에게 안심하고 일을 맡길 수 없다. 이렇게 옆에서 볼 때 일의 진척이 느리고 서투르다고 해서 일을 맡기지 않으면 부하의 능력은 새로운 일을 맛보지 못한 채 언제나 그 자리에서 머물고 만다. 이런 사람이 인재를 제대로 기를 수 없다는 것은 두 말 할 필요도 없다. 곧 리더의 지도력과 관리 능력은 부하를 어떻게 다루느냐에 따라 결정된다고 할 수 있다.

이처럼 사소한 일로 일일이 부하를 꾸짖거나 부하의 일을 리더가 가로채면 부하들의 창의성이나 자발적인 업무 수행은 자취를 감추고 만다. 당장 눈앞에서 벌어지고 있는 일에만 몰두하다 보면 주어진 권한에 비해서 사장을 말단 사원의 몫밖에 할 수 없다. 본래 자신이 처리해야 할 대국적인 문제나 장기적인 과제를 소홀히 하고 사소한 일에 매달리는 경우도 있다. 결국 부하에게 권한을 위임할 줄 아는 사람이야말로 진정한 리더라고 할 수 있다.

리더는 바빠 보여서는 안 된다

리더는 일선에 직접 나서 일을 처리하는 사람이 아니라 다만 최종적인 책임자이므로 마음 편한 태도로 느긋한 자세를 취하고 있어야 한다. 리더는 구체적인 작업보다는 관리, 관리보다는 전략에 더 신경을 써야 한다. 부하에게 바쁜 듯이 보여서는 안 되고 리더가 일에 쫓기고 있는 듯한 모습을 보여서도 안 된다. 부하가 침착하게 일을 하고 위로 올려야 할 보고나 제안에 적극적이게 하려면 리더는 늘 여유있는 모습을 보여 주어야 한다.

리더가 안정된 태도로 여유를 보이고 있으면 부하는 안심하고 자신의 능력을 최대한 발휘할 수 있다. 리더의 여유가 부하의 여유를 가져다주는 것이다. 이런 조직은 갑자기 무슨 일이 터져도 조직적으로 처신하기 때문에 훌륭하게 견디어 낸다.

최고의 통솔 기법은 나를 보여주는 것이다
―

어느 기업의 경영자는 사장실 문을 열어놓고 일을 하거나 현장에 자주 얼굴을 내비치곤 하여 사람들은 그에게 '사원을 관찰하기 위해서 입니까' 라고 물었다. 그러나 그는 '아니야. 그 반대네. 사원에게 내 모습을 보이고 있는 것일세' 라고 대답했다고 한다.

"부하에게 내 모습이 보이고 있다고 생각하면 서투른 언동은 할 수 없지. 표정이나 자세, 행동 하나에도 신경을 쓰게 된다네. 부하는 상사를 잘 모방하므로 내가 모범을 보이면 많은 사원이 그것을 따라 할 것임에 틀림없어. 나는 한 사람이고 사원은 많고. 나 한 사람이 많은 수의 부하를 보면서 한 사람 한 사람 일일이 지도하기보다는 나 한 사람의 언동을 많은 사원에게 보이는 것이 보다 능률적이고 훨씬 빠르지 않겠나."

훌륭한 리더에게나 나올 법한 말이다.

「보지」않고 「보여준다」는 것은 매우 의미심장한 리더학이다. 단지 「보여주는」것만으로도 부지불식간에 부하가 따라오도록 만드는 것이다. 부하들의 자발적인 참여와 태도를 이끄는 이 같은 태도는 최고의 통솔기법이라고 말할 수 있을지도 모르겠다.

리더의 회의 진행 요령

의사소통은 지도력을 위해서는 필수적인 요건이다. 따라서 대부분의 조직에서 가장 자유롭게 의사소통을 할 수 있는 사람이 리더가 되는 경향이 있다. 회의에서 리더역을 충실히 하기 위해서는 다음 세 가지 조건을 충족시켜야 한다.

1. 대화의 방향 설정을 한다.

방향 설정은 적절한 시점에 대화의 내용을 정리하기 위해서 필요하다. 요컨대 이런 말이군요, 지금까지의 의견을 정리해 봅시다, 그러면 이런 식으로 하면 어떻겠습니까 처럼「매듭」을 짓는 발언을 한다. 달변, 다변으로 회의를 리드하는 것이 아니고 전체적인 의견이나 방향을 잘 파악하고 조정역을 맡음으로써 대화의 방향을 조절해 나가야 한다.

2. 뛰어난 아이디어를 낸다.

다른 사람들이 내지 못한 차별화 된 아이디어를 낸다. 대화는 주제, 즉 주어진 아이디어를 중심으로 진행되므로 아이디어를 제공한 사람이 회의의 주도권을 잡기 쉽다. 말솜씨가 아니라 일의 실력이 진실을 이야기해 준다.

3. 호감 있게 보인다.

달변가라고 리더는 아니다. 결국 주제나 생각을 제시하는 것이 아니라 회의의 결과를 체크함으로써 회의 전체를 이끌어가는 역할을 하는 발언을 할 때 리더로서 인정받을 수 있다. 또 목소리는 크고, 저음이고, 잘 어울리는 사람일수록 외향적인 성격의 소유자일 가능성이 높고, 리더십이 뛰어나고 설득력도 높다고 한다. 특히 저음은 고음에 비해 세련되어 있기 때문에 매력적이다. 섹시하고 남성적이다. 안정감이 있다. 적극적이다 라는 인상을 보다 강하게 준다고 한다. 확실히 잘 울리는 바리톤 목소리를 가진 사람일수록 듣는 쪽은 강한 설득력을 느끼게 된다. 물론 위의 내용이 확실하게 증명된 것은 아니다. 단지 리더로서 사람의 마음을 장악하기 위한 극히 부분적인 속성에 지나지 않는다. 상대를 설득하기 위해 중요한 것은 어떤 내용으로 채워져 있는가, 말하는 사람은 대화에 열과 성의를 다하고 있는가 하는 것이다.

매사에 모범을 보이는 것이 필요하다

부하들은 리더의 말과 행동을 끊임없이 본받으려고 노력하기 때문에 리더에게 모범이 필요하다. 다른 사람에게 모범을 보여야 한다는 것은 쉽지 않지만 훌륭한 리더가 되려면 리더는 다음의 8가지를 염두에 두고 생활한다.

1. 위기에 침착하게 대처할 것.

리더가 위기 때 책임감을 가지고 침착하게 행동하는 것처럼 부하들을 감동시키는 것은 없다. 따라서 리더는 어려운 위기상황에서도 올바로 생각할 여유를 가져야 한다. 화가 났을 경우 열 까지 셀 수 있는 여유만 가져도 사물을 객관적으로 바라 볼 수 있다.

2. 경청

대부분의 리더는 너무 말을 많이 한다. 부하들은 잘 들어주는 리더를 따르게 마련이다.

3. 지도력

리더에게 있어서 가장 중요한 기능은 지도하는 능력이다. 지도함으로써 부하들은 무엇을 해야 하며 어떻게 해야 할지를 알게 된다. 리더가 "이대로 해."라고 말하는 것보다는 "이것이 내가 발견한 유용한 방법 중의 하나야. 더 나은 방법은 없겠냐?"라고 말해주는 것이 좋다.

4. 성실성

약속한 것은 지켜야 한다. 지키지 못할 약속은 하지 않는 것이 좋다. 약속을 취소하거나 지키지 못하면 신임을 잃게 된다.

5. 솔직한 감정 표현

리더 가운데는 자신의 감정 표현을 전혀 하지 않는 사람이 있다. 그런 사람은 답답해 보인다. 자신의 감정을 솔직히 표현해야 부하들도 자신의 문제를 서슴지 않고 말할 수 있다.

6. 비밀 엄수

솔직해야 함과 동시에 비밀을 지키는 것도 필요하다. 동료부하의 비밀을 지켜주어 신뢰감을 쌓는다.

7. 회사에 대한 태도

회사에 대한 비난은 금물이다. 회사에 대한 비난은 당신의 이상이 너무 높거나 당신의 신념이 너무 없거나 둘 중의 하나이다. 사실만 이야기하면 된다.

8. 작은 관심들

작은 관심도 큰 영향을 미친다. 서로가 상대방을 인식하고 있을 때는 작은 것에서부터 상대방을 향한 배려조차 차이가 생기기 마련이다.

리더는 부하의 시간 관리에도 소홀히 하지 않는다

부하 중에 시간을 잘 지키지 않거나, 낭비가 많거나, 공상을 자주 하거나, 남의 일에 참견하는 사람들이 많으면 그 부서의 업무 효율성은 막대한 지장을 초래한다. 사원 한 사람이 하루 1시간을 낭비하면 1년에 250일 근무한다고 가정했을 때 1년 가운데 1개월 반을 쉰 결과가 되며 목표 달성은 약 2개월 이상 늦어진다. 리더는 현실적으로 시간 계획을 세워야 하며, 계획표를 세밀하게 짜서 가급적 낭비하는 시간이 없도록 해야 한다.

부하들은 각자 성격도 다르고, 일의 추진력도 다르고, 시간 관리력도 물론 다르다. 어떤 부하를 대하든지 리더는 업무 지도와 함께 시간관리 지도도 해야 한다. 리더는 부하를 교육하는 사람이다. 그

교육은 매우 실제적이고 구체적이어야 한다.

1. 시간 엄수, 시간 약속을 철저히 지킬 것.

상사가 지각하거나 회의 시간을 맞추지 못하면 부하는 상사를 신용하지 않을 뿐만 아니라 일의 속도도 떨어진다. 상사가 늦게 출근해서 '어제 늦게까지 일을 하다 보니 집에 늦게 갔고 오늘 아침 늦게 올 수밖에 없었다' 라고 자신의 행위에 정당성을 부여하기 위한 변명을 하면 업무 진행에 손실이 많다. 상사가 느끼는 1시간의 차질이 수많은 부하에게는 하루의 업무 진행을 떨어뜨릴 수도 있다.

2. 철저히 시간 계획을 세워서 업무를 잘 추진할 것.

부하들이 가끔 상사에게 불평하는 일 중의 하나가 '상사로부터 배울 것이 없다' 는 것이다. 상사가 철저히 시간을 계획하고 효과적으로 많은 일을 수행하면 부하들로부터 신뢰와 존경을 얻게 된다. 얼마 전 필자가 모 회사에 갔는데 직원들이 부장에 대해 비평하기를 '자리나 지키고 있는 사람' 이라고 했다. 상사는 업무 계획과 추진에 본을 보여야 한다. 상사는 시간을 잘 활용하기 때문에 뛰어나 실적을 올린다는 것을 부하가 명확히 알 수 있도록 본을 보여주어야 한다.

3. 자신의 업무 중 일부를 부하에게 잘 위임할 것.

부하는 할 일이 없어 배회하고 상사 자신은 일에 싸여 허둥거리고 있다면 심각한 문제이다. 이와 반대로 부하는 눈코 뜰 쎄 없는데 상사 자신은 할 일 없이 빈둥 빈둥댄다고 해도 문제이다. 일은 직급에 맞게 적절하게 배부돼야 한다.

자신의 일을 잘 분석해 보면 부하에게 위임할 일들이 많다. 부하에게 맡겨도 되는 일은 단편적인 일, 사실을 조사하는 일, 일상적인 일, 자료 수집하는 일, 준비하는 일 등이다.

일만 단순히 맡기는 것이 아니고 그 일의 완성 표준, 권한, 완료일 등을 잘 설명해 준다면 부하는 책임감을 느끼며 성실히 일을 처리할 것이다.

4. 사무 처리를 신속하게 할 것.

결재를 신속하게 해 주지 않으면 업무 정체 현상이 생기게 된다. 결재 받을 시간대를 정해주는 것도 시간을 절약하는 좋은 방법이다.

5. 부하의 시간을 존중해 줄 것.

부하에게 일방적으로 업무를 지시한다든가 부하의 사정도 고려하지 않고 시도 때도 없이 부하를 호출하는 행동을 삼가야 한다. 긴급할 때는 명령식으로 지시해야 하겠지만 긴급하지 않을 때는 협의하는 식으로 다루어야 한다.

6. 부하의 사기를 늘 북돋아 줄 것.

어떻게 해야 늘 부하가 신바람이 나서 일을 할 수 있겠는가는 리더가 계속 관심을 가져야 할 사항이다. 지금보다 더 좋은 방법은 얼마든지 있다. 다만 아직 찾지 못했을 뿐이다.

일정한 거리는 적당한 권위를 만든다

리더는 특히 고독을 각오해야만 한다. 프랑스의 드골은 '위대한 사람은 사람들과 거리를 가진다. 권위는 위신 없이는 성립하지 않고 위신은 세속과의 거리 없이는 성립하지 않기 때문이다.' 라고 말했다. 이와 같이 리더는 고독을 감수해야만 한다.

부서의 분위기를 위해 상사가 부하들과 친밀감을 갖는 것은 매우 중요하지만 인간적인 애정은 오히려 마음을 속박하기 때문에 적극적인 행동을 취할 수 없게 되므로 부하들과 사적인 결합은 깊게 가지지 않는 것이 좋다. 또 그 부하를 지나치게 믿으면 객관적인 입장에서 판단을 내릴 때 판단을 흐리게 만들고 부하의 주장에 단순히 동조하고 야합하는 일이 발생하는 경우도 있다. 더 심하면 친하게 지내는 부하의 부정까지 덮어준다. 이런 까닭으로 부하와의 거리를 잘 유지할 수 있어야 만이 훌륭한 리더라고 말할 수 있다.

훌륭한 리더는 이렇게 꾸짖는다

리더가 부하를 데리고 일을 하다보면 싫던 좋던 야단치고 잔소리를 해야 될 때가 있다. 이것은 일의 능률을 올리기 위한 방편임을 명심하고 다음과 같은 방법으로 처신한다.

1. 무엇이 잘못인지 정확한 이유를 알려준다.

상사에게 실컷 꾸지람을 듣고 돌아왔는데 상사의 화난 인상만이 남아 있고 무엇 때문에, 어떻게 고치라는 것인지 모르는 경우가 많다. 이것은 상사가 이유와 내용은 납득시키지 않은 채 일방적으로 화풀이만 했기 때문이다. 따라서 꾸짖을 때는 무엇이 잘못되었는지를 구체적으로 가리키고 애매한 표현은 설득력을 약화시키므로 상대방이 알 수 있도록 정확한 이유를 알려준다.

2. 스스로 무엇이 문제인지 알아차릴 시간을 준다.

「칭찬은 그 자리에서, 꾸짖는 것은 한 박자 쉬고」라는 말이 있다. 잘못한 일은 그 자신이 느끼기 때문에 시간적 여유만 주면 상대편은 죄의식이 충분히 갖추어져 있을 때이므로 꾸중의 효과가 그만큼 크다. 그러나 이런 것쯤은 꾸중을 듣지 않고 넘어가겠지 하고 편리한 대로 생각할 수 있는 간단한 일들도 있다. 그러나 이때는 묵인보다 간단한 주의를 주고 지나가는 것이 좋다.

3. 적당한 시기와 장소에 맞춰서 꾸짖는다.

문제에 따라선 그 자리에서 꾸짖어야만 되는 것도 있다. 늦게 꾸짖으면 반발을 사기가 쉽기 때문이다. 예를 들면 하루가 지난 후 어제의 사적인 통화가 길었다고 질책하면 '어젠 가만히 있다가 새삼 야단을 치는 거야' 하면서 하는 불만을 가중시킬 우려가 있다. 또 평소에 보아두었던 것을 이것저것 묶어서 한꺼번에 꾸짖는 경우가 있는데 그보다는 그 자리에서 발견 즉시 꾸짖는다.

4. 부하직원에게도 인격이 있음을 기억하고 꾸짖는다.

쥐를 쫓을 때도 도망칠 곳을 두고 쫓지 않으면 고양이를 문다는 말이 있다. 아무리 부하 직원이라도 빠져나갈 곳을 열어두고 꾸짖는다.

타인 앞에서 일방적으로 면박을 당하면 반사적으로 같이 화를 내거나 억지반박을 할 수도 있다. 남 몰래 불러내 이야기하면 서로 기분도 안정되어 있으므로 좋은 결과를 얻을 수 있다.

5. 꾸짖는 일과 칭찬은 다 같은 효과를 기대한다.

자기 자신이 충분히 반성했다고 느껴지면 꾸짖기보다 칭찬하는 쪽이 효과적이다. 이때는 스스로 반성한 것을 칭찬하면 효과는 더욱 크다. 꾸짖은 후에는 항상 격려를 덧붙이도록 한다. 꾸지람을 당하는 사람은 인격 전체를 무시당한 것처럼 느끼는 경우가 많다. 죄는 미워해도 사람은 미워하지 말라고 했다. 꾸짖을 일을 했기 때문에 꾸짖는 것임을 상대방에게 명확히 해야 함을 명심해야 한다.

훌륭한 리더는 이렇게 칭찬한다

꾸짖는 일을 잘 하는 리더라면 부하를 칭찬할 때도 능숙한 방법으로 칭찬을 하기 때문에 이후의 일도 더욱 잘할 수 있게 한다.

1. 칭찬은 사람들 앞에서 한다.

누구나 칭찬을 받으면 기분이 좋아지고 이 사실을 자랑하고 싶어 한다. 그렇지만 이 사실을 자신이 직접 이야기한다는 것은 뭔가 좀 어색하고 부끄러운 일이다. 따라서 칭찬할 사람이 대신 그 역할을 해 준다. 사람을 칭찬할 때 다른 사람들이 있는 곳에서 칭찬함으로써 칭찬 효과를 높인다.

2. 우연히 생각이 낫다는 듯이 칭찬한다.

회사 안에서, 우연히 복도에서 만났을 때나 식당 같은 곳에서 마주치게 되었을 때 갑자기 생각이 떠오른 것처럼 불쑥 칭찬 한다. '자네가 낸 아이디어 참 새로운 것이더군. 다음에도 계속 새로운 아이디어를 계속 개발해 주게' 등처럼 우연과 의외성을 연출하면 칭찬에 대한 효과는 배로 높아진다.

3. 짧고 간결하게 칭찬한다.

한 가지 사실을 가지고 여러 번 길게 칭찬하면 칭찬의 말이 뒤범벅돼 확실한 인상을 심어줄 수가 없다. '아주 잘했네' '자네는 믿음직스러워' '계속 잘해 보게' 등으로 간결하게 칭찬하는 것이 여운을 남기기 때문에 효과는 더욱 높아진다.

4. 아주 사소한 일부터 칭찬한다.

작은 일에 대해선 칭찬에 인색하면서 큰 성과가 나타났을 때에만 크게 칭찬을 한다면 묵묵히 열심히 일하는 사람 중에 칭찬을 한 번도 들어보지 못하는 경우가 나올 수 있다. 따라서 아주 작고 사소한 일에도 칭찬을 아끼지 않는다.

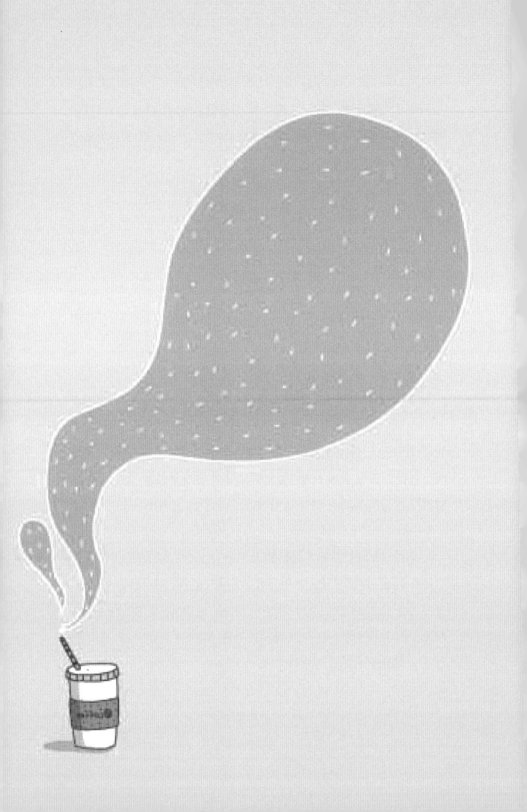

5. 상대방 주위의 부차적인 것들을 칭찬한다.

그 사람 자신의 능력이나 성격을 칭찬하면 겉치레 인사나 아부가 되기 쉽다. 이런 때는 상대의 가족이나 취미, 특기 등 그 사람과는 직접적인 관계가 없는 것을 가볍게 칭찬한다. '평소 옷을 입는 센스로 보아 부인이 아주 감각이 뛰어난 사람 같군' 등의 말이 좋다.

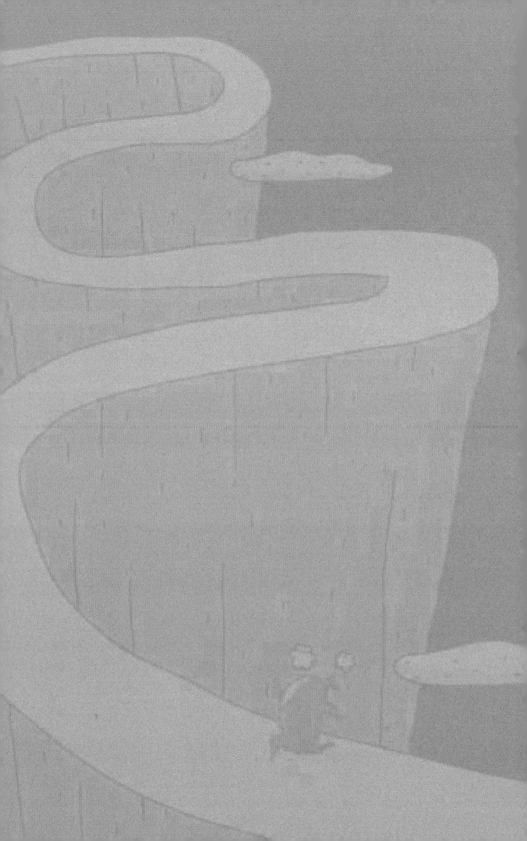

7장

인간관계를
원만히 하라

인간관계의 중요성은 아무리 강조해도
모자람이 없다

인간관계의 중요성은 아무리 강조해도 모자람이 없다
—

　어렸을 때는 가정 안에서 양친, 조부모, 형제만의 관계를 가졌다가 유치원, 초등학교, 중고등학교, 대학교 등을 거칠 때마다 선생님, 선배, 후배, 친구 등 기하급수적으로 사람과의 관계는 증가한다. 이러한 인간관계 속에 우리는 남들이 내 생각대로 되지 않는다는 것, 타인과 관계하는 것은 귀찮은 일이기도 하고 인정, 예의, 배려, 인내라는 번거로움도 필요로 한다는 것을 깨닫게 된다.

　선의가 헛되이 되거나 호의가 오해를 받거나, 묘한 평판을 듣거나 무시당하기도 한다. 피곤에 지치지 않는 편이 오히려 이상할 정도다. 직장생활 속에서 인간관계의 번거로움에 지치거나 정나미가 떨어져서, 입사한 지 얼마 지나지 않아 그만두고 마는 사람도 있다. 그러나 회사를 그만두고 다른 회사에 다시 취직한다고 해서 과연 그곳이 전의 직장에 비해서 더 나으냐 하면 그것도 아니다. 그곳에서도 역시 귀찮고 번거로운 인간관계가 밀어닥치게 된다. 경우에 따라서 중도 채용이라는 핸디캡이 종래와는 다른 중압감을 낳게 될지도 모른다.

인간관계는 성장과 함께 사회나 회사에 참가하는 것에 비례해서, 그 양(인간관계가 많은 것)과 질(인간관계의 미묘함)은 증가해 간다. 귀찮고 어려운 인간관계 속에서 고민하면서도 어떻게든 인간과 인간 사이에 적응해 가지 않으면 안 된다. 또한 적응하려는 노력이 직장생활을 쾌적하게 보내는 방법이기도 하다

상대방을 위해 뭔가를 해주는 것이 인간관계의 첫걸음

다른 사람에게 은혜를 파는 것은 중요한 교제술의 하나이지만, 은혜를 입고 의리를 만들고, 빚을 만들어 두는 것도 사귐을 원활히 하기 위해 중요한 요소다. 의리를 만들면 약해진다고 생각하는 것은 자신이 무력한 경우에 한정된다. 언제라도 그 두 배 세 배로 갚을 수만 있다면, 오히려 의리나 빚은 많이 만들어 두는 편이 좋다.

상대방을 위해서 뭔가를 해준다는 것은 여간 어려운 일이 아니다.

당신에게 뭔가를 해주는 사람이 있다면, 그것은 오로지 당신의 인덕의 결과다. 그리고 그 사람은 당신을 위해 뭔가 해주었다는 것을 잊지 않을 것이고, 따라서 당신은 그에게 적당한 보답을 하지 않으면 안 된다.

그러나 보답을 했다고 해서, 그 빚이 사라지는 것은 아니다. 그것이 동양사회의 윤리다. 서양사회에서는 빚을 갚으면 그것으로 장부가 정리되는 것으로 인식된다.

그러나 상대방을 위해 노력하거나 희생을 감수했을 경우에는, 그 빚을 갚았다고 해서 금방 잊혀지는 것이 아니다.

서구식 합리주의자가 친구를 사귀기 어려운 것은 바로 이점에 대한 의식이 부족하기 때문이다. 교우관계에 있어서는 이러한 「의리」와 「빚」을 서로 만들고, 그 횟수가 많을수록 친해 질 수 있다는 사실을 빨리 깨달아야 한다. 물론 이 경우의 의리나 빚은 현금의 경우가 아니다. 상대방을 위해 해주고자 하는 노력, 배려를 가리킨다. 다른 사람을 오직 이용할 뿐이라는 에고이즘은 사귐의 범위를 좁히는 최대의 적이다.

사귐의 핵심은 언제나 줄 수 있는 것이 있다는 점이 있다. 아무 얼을 것이 없는 곳에서는 사귐의 영속성이 인정되지 않는다. 호혜의 정신이야 말로 사귐을 오래 이끌어가게 하는 원동력이다. 현실주의가 당연시되는 오늘날, 이득만을 취하고 손해는 거부하며, 더구나 상대방에 대한 보답을 망각하고 있는 사람이 많다. 그러나 이러한 사람들은 오랫동안 사귐을 지속해갈 수 없다. 사귐의 범위를 넓히고, 그것을 영속시키기 위해서는 자신의 친구를 위해서 가능한 한 전력을 다해준다는 마음자세가 필요하다. 그것도 약간 쓸데없는 참견으로까지 보일 만큼 적극적으로 도와줘야 한다. 그러나 이때 유념할 것은 절대로 공치사를 하지 말아야 한다는 것이다. 이득이란 반드시 금전적인 것만은 아니다. 여러 가지 편의나 협력까지도 포함된다. 다소의 비용이 드는 것을 아까워하지 않고, 친구에게 최선을 다한다는 자세가 필요한 것이다.

나아가 언제나 자발적으로 상대방에게 이득을 주는 노력이야말로 사귐의 첫째 조건이다. 그러나 아무리 이득을 주어도 그 보답을 할 줄 모르는 인간은 친구로서 쓸모가 없다. 그런 사람과는 빨리 결별하는 것이 현명하다.

나이를 잊은 교제에도 배울 점은 많다

사상이나 사고의 단점은 늘 존재하는 법이고, 그것은 반드시 나이 때문만은 아니다. 갈고 닦기를 항상 게을리 하지 않으면 두뇌는 노화되지 않는다. 다만 인생경험이 풍부하다는 것이 거꾸로 순수한 사고를 방해한다는 점에서 젊은이들의 반발을 사는 것은 어쩔 수 없다. 그러나 연령이 많은 사람들과의 사귐도 또한 의미 있는 일이라는 것은 말한 나위가 없다.

사람은 경륜과 함께 시야가 열리고, 경험으로 얻은 지혜가 소질을 신장 시켜주기 때문이다. 단순히 나이가 다르다는 이유로 교제를 하지 않는다는 것은 인생의 커다란 손실이다. 망년의 교제란 나이를 잊은 교제란 말이다. 나이 많은 사람과 사귄다는 것은 적지 않은 저항이 따르고, 시각의 차이나 감각의 차이로 다소 불편한 점도 있을 것이다. 그러나 거기에서 얻는 이득은 크다. 나이가 많다는 이유만으로 고정관념을 강요하는 사람들만 있는 것은 아니다. 나이를 먹어도 유연성 있는 사고를 가진 사람은 얼마든지 있다.

망년의 교제야말로 당신의 범위를 획기적으로 넓혀줄 것이다. 현명한 사귐의 핵심은 나이를 의식하지 않고 자연스럽게 행동 하는 것과, 공통의 화제를 만들어 내는 것에 있다.

원만한 사람이 실리를 얻는다

다른 사람의 비판이나 자신에 관계된 화제에는 누구나가 신경을 쓰게 마련이다. 여러 사람이 모여 있는 곳에서 자기 이름이 나오면 귀를 기울이는 것은 당연한 일이다. 그리고 어떤 문제에 대해서 언급해두지 않으면 안 된다고 생각했을 경우에는, 어떻게 해서든 그쪽으로 화제를 돌리려는 것이 인간의 본능이다.

그러나 대화의 분위기가 항상 자기 마음대로 되는 것은 아니다. 자기가 이끈 화제에 여러 사람이 토론하는 경우가 있는가 하면, 경우에 따라서는 완전히 다른 문제, 예를 들면 그때그때의 큰 사건 등이 모두의 관심사가 되는 때도 있다. 그런 경우에 당돌하게 자기중심의 화제를 꺼내게 되면 친구들에게 이기주의자라는 느낌을 갖게 할 수 있다.

친구들끼리 모여 서로 환담을 나누며 기분 좋게 술을 마시는 것이 목적인 술자리라면, 의논이라든가 뭔가 무거운 화제가 끼어들게 되면 흥이나 분위기가 갑자기 깨어져버릴 수가 있다. 어색하게 헤어져 상당히 오랫동안 찜찜할 수도 있다.

사귐이란 연쇄적인 상호관계다. 자신의 일만을 고집하는 것은 사귐 자체를 붕괴시킨다. 친구들의 일이 자신의 일에 우선하지 않으면 사귐이란 성립될 수 없다는 사실을 간파하고 지혜롭게 처신하는 두뇌가 없으면 안 된다.

서로 사귄다는 그 자체로 이미 이점은 존재하는 것, 그러나 이점만 추구해서는 진정한 사귐이 성립될 수 없다. 원만하고, 가치 있고, 실리를 동반하는 교제를 하기 위해서는 자기 일에 구애되어서는 결코 안 되는 것이다.

사귐에서 무엇보다도 두려운 것은 상대방이 "저 녀석은 남을 이용하려고만 한다"고 생각하는 것이다. 스스로를 억제하는 것이야말로 가장 중요한 요소임을 잊지 말기 바란다.

대인관계 금기율 10계

1. 조급하게 효과를 구하지 않는다.

인맥의 효용을 잘못 이해해서, 아는 사이가 되면 이내 일로 직결시켜야 한다고 오해하는 사람들이 있다. 혹은 무리하게라도 일로 연결시키지 않으면 손해라고 생각하기도 한다. 그러나 비즈니스에서의 이용가치만 생각해서는 결코 지인의 덕을 볼 수 없다. 우선 비즈니스맨으로서의 식견조차 의심받을 수도 있다. 중요한 인맥일수록, 좋은 와인을 만들 듯이 어느 때는 조용히 잠재우고 가장 좋은 시기가 올 때까지 기다리는 마음의 여유를 갖는 것이 좋다.

2. 허세를 부리지 않는다.

처음으로 만나는 상대에게 자기가 얼마나 훌륭한 학벌과 가문, 인맥을 갖고 있는가 과시하는 태도는 금물이다. 가령 약간 안면 정도 있는 유명인이 마치 자기와 둘도 없는 친구인 것처럼 허세를 부렸다가 우연히 나중에 허세를 부린 것이 드러나 창피를 당했다는 이야기도 가끔 있다.

3. 금전거래는 삼간다.

금액의 대소에 관계없이 인간관계에 금전대차를 끌어들이는 것은 바람직하지 않다. 직접적으로 돈을 빌리고 빌려주는 일은 인간관계 자체를 파괴하는 요소를 다분히 포함하고 있으므로 특히 신중해야 한다.

실제로 돈을 빌려주기 보다는 생활이나 회사 운영상의 자문을 해주거나 돈을 빌릴 만한 곳을 소개하는 것이 나을 경우가 많다.

만약 돈을 빌려달라는 부탁을 받았다면 상황에 따라 분명히 거절한다. 아니면 처음부터 포기하는 기분으로 빌려주든가 둘 중 하나를 선택한다. 빚보증도 마찬가지 설마 내가 당하랴 하는 생각에 망한 사례는 얼마든지 있다.

4. 능력 있는 사람을 헐뜯지 않는다.

자신의 능력을 자부하는 사람은 윗사람에 대해서도 할 말을 분명히 하게 마련이다. 반면 자기가 그렇지 못 할 때는 그렇게 처신하는 사람을 공연히 고깝게 보기 십상이다.

그래서 쓸데없이 그런 사람의 흉을 보고 허물을 들추어내려는 심리가 작용하기도 한다. 그러나 능력 있는 사람을 질투해서 공연히 나쁜 말을 만들어 내거나 좋지 않은 감정을 지니고 있으면 결국은 자기의 손해로 돌아온다.

5. 열등감을 버려라.

열등감은 직장생활의 적이다. 열등감을 갖고 있는 사람은 상대를 흔히 당황하게 만든다. 직장에서는 흔히 여러 사람과 협력해서 일을 처리해야 한다. 일을 맡았다면 그 일에 필요한 처리방법에 따라 아는 대로 성의를 다하면 된다. 혹 모르거나 어려운 부분이 있으면 동료나 상사에게 묻고 도움을 청해 처리하면 될 것이다. 한 걸음 더 나아가 동료의 어려움을 덜어줄 수 있으면 금상첨화라고 하겠다.

6. 함부로 비판하지 않는다.

완벽한 사람이란 없다. 그런 만큼 누구나 실패하고 잘못을 범한다. 작은 과실을 헤아리다 보면 끝이 없다. 인맥을 넓혀가고자 한다면 사소한 상대의 잘못에는 눈을 감는 자세가 필요하다. 오히려 그 사람의 좋은 면에 눈을 돌리는 관용을 발휘하는 것이 좋다.

그러나 교제하는 상대가 크게 잘못된 길을 걸을 때는 아무리 듣기 싫은 이야기라 할지라도 철저하게 비판해야 한다. 이것이 원인이 되어 일시적으로 서로의 인간관계가 나빠진다 해도 긴 안목으로는 반드시 득이 된다.

다만 비판하는 방법은 고려해야 할 문제다. 특히 제3자의 면전에서 상대를 질책하는 것은 피한다.

7. 보이지 않는 곳에서 흉보지 않는다.

직장에서는 흔히 가벼운 험담을 한 것도 화근이 되어 큰 싸움이 되는 수가 있다. 험담은 전해지는 속도가 빠르고 때로는 과장되기도 한다. 이는 신뢰관계를 쌓는 데 결정적인 타결이 된다. 한 번 잃은 신뢰는 다시 회복하기 어렵다.

8. 모르는 것을 아는 척지 않는다.

남에게 불쾌감을 주는 행동 가운데 하나는 아는 체하는 것이다. 대개 이런 사람들은 아는 것도 없고 모르는 것도 없다. 신문이나 TV에서 슬쩍 본 것이나 믿을 수 없는 소문 따위를 과장해서 말하곤 한다. 이런 사람들과 누가 관계를 갖고 싶어 하겠는가? 모르는 것은 흉이 아니다. 문제는 모르면서 아는 척하는 것이다.

9. 파벌을 만들지 않는다.

보통 파벌 만들기를 좋아하는 사람은 무능하거나 자신이 없는 사람이다. 아무 때나 어울려 다니면서 자기 파벌이 아닌 사람들을 헐뜯고 자기들의 세를 늘리기 위해서는 파렴치한 행동도 서슴지 않는 직장인이 있다. 이런 사람들은 파벌의 덕으로 잠깐 득세하는 것처럼 보일지 모르나 많은 사람들에게 신뢰감을 잃어 결국은 배척받는 신세가 되고 만다.

10. 남의 영역을 침범하지 않는다.

대체로 남의 일에 간섭하고 끼어들어 이러쿵저러쿵 말이 많은 사람은 의심받기에 족하다. 자기의 영역, 자기의 일에 대한 자신감이 없어 콤플렉스를 갖고 있을 때 남의 일, 남의 영역에 대한 지나친 비교 의식, 경쟁의식, 도착된 관심을 갖게 된다.

8장

올바른
의사 표현을
하라

인간관계의 중요성은 아무리 강조해도
모자람이 없다

의사 결정 능력은 확신이다

업무에서나 일상생활에서 큰 성공을 거두느냐 못 거두느냐는 당신의 사고방식에 달려 있다. 당신의 타고난 창조력을 살리기 위한 두뇌 훈련은 간단한 공식을 실행함으로써 증가된다. 순수하고 솔직하게 모든 일을 생각하는 능력은 의사 결정에서 중요한 자산이다. 의사 결정은 각별히 비즈니스맨에 한정된 것이 아니다. 누구나 다 일상생활에서 필요로 하는 일이다. 양복을 새로 맞출 때 어떤 무늬를 택하는가. 집과 자동차 중에서 어느 쪽을 먼저 살 것인가. 클럽에 가입을 할 것인가, 쇼를 구경하러 갈 것인가 말 것인가, 오늘 저녁 반찬은 무엇을……

의사 결정을 위한 결정적인 방법은 나중에 말하기로 하고 그 전에 사고가 진행되는 과정에 대해서 살펴보기로 한다. 여기서 말하는 '사고'란 우리들이 일상생활에서 직면하는 여러 가지 문제를 조심성 있고 진지하게 생각하는 것을 말한다.

물론 의사 결정은 절대 틀림없다는 확신만 선다면 그다지 대단한 일은 아니다. 그러나 실패하지 않을까라든가, 아무래도 틀린 것 같다 라든가 하는 생각을 하게 되면 의사 결정의 과정은 어려워진다. 그리고 정신적인 부담은 의사 결정이 무엇인지를 이해하고 의사 결정을 잘하는 방법을 배움으로써 충분히 제거할 수 있다.

올바른 의사 결정은 최선의 해결책을 가져다준다

우리들은 일상 직무에서 두 종류의 의사 결정을 하고 있다. 하나는 일과적인 사소한 것, 또 하나는 중요한 것, 두 가지이다. 일과적인 것의 경우는 상황을 잘 파악하고 어떻게 하면 만족스럽게 해결할 수 있는가를 잘 알고 있는 경우이다. 몇 가지 안 가운데서 하나만 고르면 되기 때문이다. 이 때 판단의 기준이 되는 것은 바로 경제성이다. 이것은 최소의 노력으로 최대의 목표 달성을 이루는데 목적이 있다.

중요한 의사 결정은 이것과는 상당히 다르다. 현황은 어떠한가, 바꿀 필요가 있는가— 대처 방법이 있는가, 어떻게 해야 하는가— 와 같이 일까지 연관을 두어야 한다. 중요한 결정이라 하더라도 사람에 따라서 다르겠지만 예컨대 회사의 생산성 향상, 조직의 개편, 막대한 자본투자, 세일즈맨 등의 교육, 지구의 재할당, 공장의 시설 배치, 사무실의 사무 관리 등을 예로 들 수 있다.

중요한 결정인 경우는 올바른 해결책을 찾아낸 진짜 문제가 무엇인가를 발견하는 것이 중요한 작업이다. 진짜 문제점이 무엇인지도 모르면 정확한 해결책을 찾기란 어려울 뿐이다.

당신의 결정 사항에 변동이 일어난다면
—

정확한 의사 결정이 수월하게 나오는 방법은 아마 없을 것이다. 반드시 미지의 혹은 예기치 않은 요소가 끼어든다. 당신이 어느 회사의 세일즈 매니저라고 하자. 당신은 많은 세일즈맨 가운데서 장래성 있는 사람을 한 명만 골라서 중요한 지위에 임용하기 위하여 훈련시켰다. 당신의 눈은 틀림없어 그 후 수개월은 만사가 잘 되어 갔다. 그런데 어쩌다가 이 선택된 사나이의 아내에게 꽤 많은 유산이 굴러들어와 독립하고자 한다면 당신이 이 사나이를 훈련한 수개월은 모두 수포로 돌아간 셈이다.

이번에는 가정주부의 입장에서 생각해보자. 당신은 같은 동네에서 열심히 일하고 있는 한 부인을 어느 특별 행사의 책임자로 일을 맡겼다고 하자. 그런데 당신은 그녀의 남편이 영전할지도 모른다는 사실을 전혀 몰랐다. 그 행사가 열리게 될 직전에 그녀가 사임함에 따라 당신은 혼자 남게 되었다. 결과가 생각대로 안 되었다고 해서 앞서 말한 두 사람의 의사 결정에 하자가 있는 것은 아니다. 정도가 있을지는 모르지만 의사 결정을 좀 더 잘하는 방법은 있다.

의사 결정에는 결단이 필요하다

의사 결정에서 가장 중요한 규칙은 단호한 태도를 보이는 것이다. 단호한 태도는 다음 세 항목을 지킴으로써 습관화할 수 있다.

1) 자질구레한 일은 즉석에서 결정한다.

2) 일단 의사를 결정하면 다른 안은 딱 잘라 잊어버린다.

3) 결정한 것은 실행에 옮긴다.

극히 드물지만 전격적인 의사 결정이 요구될 때가 있다. 이럴 때는 잘못을 두려워해서는 안 된다. 어쨌든 의사 결정의 과정을 밟아서 될 수 있는 대로 신속하게 결정을 내려야 한다. 어차피 내려야 할 결정이라면 신속함과 정확성이 요구된다. 결코 책임 회피를 위해 일시적으로 모면하려 해서는 안 된다.

서둘러 행한 의사 결정은 어느 모로 보더라도 허점투성이다. 주변 환경이 더 이상 지연을 허락하지 않는 상황이 될 때까지 이것저것 망설이는 사람에겐 이제는 최상의 해결책은 남아 있지 않다는 생각이 들게 된다. 그는 또, 이제는 자기 자신이 문제에 대한 확실한 생각도 가지지 못한 채 행동해야만 된다는 것을 알게 된다.

의사를 결정해 가는 여섯 가지의 과정

의사 결정의 공식은 앞에서 말했다. 여기서는 그것을 성립시키는 여섯 항목을 열거한다.

1) 문제점을 적절히 파악한다.
2) 입수할 수 있는 정보는 모두 모아 둔다.
3) 생각할 수 있는 해결책을 모두 써낸다.
4) 생각할 수 있는 해결책을 모두 음미한다.
5) 최상의 해결책을 택한다.
6) 결정에 따라서 행동을 개시한다.

지금까지 알았든 몰랐든 간에 이상의 항목을 분석해 보면 이 여섯 항목들은 기본적으로는 어느 의사 결정에서도 당신이 이미 실시해 왔었던 것임을 알 수 있을 것이다. 지금까지는 그저 막연히 진행해 왔을 뿐이다. 여기에 든 여섯 항목은 보통 번호순으로 진행된다. 물론 순서가 바뀔 때도 있다. 큰 문제를 처리하는 동시에 여러 가지 데이터를 수집하는 일도 있을 것이다. 한꺼번에 두 가지 이상의 작업을 할 때도 있기 때문이다.

문제가 무엇인지 정확하게 파악한다

첫눈에 척 보고 이것이 문제의 본질이라 생각되는 일은 그다지 중요하지 않거나 또는 관계없을 경우가 때로는 있다. 단정 지어 얘기할 수는 없지만 눈에 띄기 쉬운 징조가 일의 본질을 나타내기란 아마도 쉽지 않다고 봐야 한다.

문제가 단가에 있는 것이 확실해 보이면 공장의 미스 아니면 판매 계획의 실패가 원인일 때가 많다.

문제가 발생할 경우, 맨 처음 해야 할 일은 참 문제를 찾아내고 명확히 밝혀두는 것이다. 이 경우 졸속은 좋지 않다. 충분히 조사하고 검토할 필요가 있다. 어느 부분이 좋지 않고 그것을 어떻게 변경하고 혹은 그것에 대하여 어떤 조치를 취해야 하는가를 명확히 하지 않으면 문제점이 확실히 없어졌다고 할 수 없다.

사실, 문제점이 확실히 드러났다면 이미 절반은 해결된 것이나 마찬가지다. 그러나 이것은 상당히 어려운 일이다. 비즈니스 업무에서는 문제가 또렷한 모양으로 나타나는 일은 아마 없기 때문이다. 에컨대 공장에서 생산 공정의 진행 지연이 눈에 띌 때를 생각해 보자. 그 공장에서는 결근이 많은 것도 알고 있다. 문제를 해결하는 해결책은 도대체 무엇인가. 결근율을 낮추는 것인가? 결근은 종업원의 사기저하를 나타내는 것인가? 충분히 주의하여 분석해 보면 문제는 "생산성을 올린다"가 아니라 "종업원의 사기 양양"이라는 것을 알게 될 것이다.

이와 같이 문제점을 적절하게 파악하려면 상당한 주의가 필요하다. 때로는 작은 문제점이 모여서 큰 문제가 되는 일도 있다. 이럴 때는 문제를 하나하나 들어내고 각 개인별로 처리해 나가야 한다.

문제점의 소재가 명확해지면 이번에는 될 수 있는 대로 간결하게 기록해 두자. 이렇게 해두면 당신 머릿속에서 부단히 문제점이 정리된다. 여기까지 오면 다음 단계는 쉽게 넘어갈 수 있다.

될 수 있으면 많은 정보를 모아 기록해 둔다

다음 단계는 문제와 관련 있을 법한 정보를 모을 수 있는 대로 모으는 일이다. 입수할 수 있는 사실과 숫자는 모두 입수한다. 정보에 상세한 사람이 너무 잘 알고 있었기 때문에 실패했다는 말은 그다지 들어본 일이 없다.

당신이 골프를 배우기 위해 준비를 한다고 하자. 어디서 플레이할 수 있는가, 어디서 배울 수 있는가, 도구와 교습 비용은 얼마 걸리는가, 그 외에 필요한 경비는 없는가, 이만큼의 정보를 입수하고 난 후에야 비로소 골프를 할 것인가 아닌가를 결정할 수 있는 것이다.

정보가 입수되면 그것을 정리하고 자료 속에서 공통된 점을 발견해야 한다. 든든한 중소기업의 어느 사장은 문제점을 하나씩 카드에 기입하여 의사 결정에 이용하고 있다. 그리고 문제 해결에 이용되지 못하는 카드는 모두 쓰레기통에 버려진다. 또 다른 사장은 가늘고 긴 종이를 준비하여 중앙에 선을 그어 왼쪽에는 사실을 나열하고 오른쪽에 관련사항, 중요 사항을 기입하고 있다. 이상과 같은 카드나 목록화 방식은 작은 회사나 가성에서 쓸 수 있는 매우 훌륭한 아이디어이다. 대기업에서는 표나 그래프, 리포트 등을 의사 결정에 이용하고 있다.

신뢰할 수 있는 데이터를 수집하는 최상의 방법은 현장에 나아가서 자기 눈으로 상황을 확인하는 일이다. 예를 들어 기름 배달 능률이 좋지 않은 유조 회사가 있었다. 그래서 문제 원인을 알아내려고 지배인이 어느 날 직접 아침 현장에 나가 보았다.

그는 운전기사가 아침이 되어서야 기름을 유조차에 넣고 있고 가득 찰 때까지의 빈 시간은 시시한 잡담으로 정신없는 것을 알아 차렸다. 게다가 운전기사들은 공장에서 1시간 거리 밖에 안 되는 휴게소에 모여 앉아 커피를 마시고 있었다. 그곳의 귀여운 여종업원을 보는 것이 목표였던 것이다. 지배인은 유조차에 기름을 밤에 채우도록 지시했고 오전과 오후의 커피 시간은 허용되었으나 휴식을 취할 때는 사무소에 무선으로 연락하도록 의무화했다. 이렇게 해서 차가 지금 어디를 달리고 있는지 확실한 파악이 가능하게 되었다. 그리고 최후의 배달처에 가장 가까운 곳에서 식사와 함께 커피를 마셔야 하기 때문에 운전기사들은 그들이 처음에 휴식을 취했던 휴게소에서 머물지 못하게 되었다.

사실을 안다는 것은 문제를 빠르고 유리하게 처리하는데 도움이 되는 것이다.

문제에 대한 해결책은 다다익선이다

우리들의 창조력은 문제에 직면했을 경우 그것을 해결하기 위해 작동을 시작한다. 이때부터가 당신이 상상력을 마음껏 발휘하여 새로운 아이디어를 창출하는 찬스이다. 이것저것 생각하거나 그 생각을 버리기 전에 해결책이 생각나면 곧 기록해 두어야 한다. 아무튼 시시하다 생각이 들더라도 기록해 두는 것이 중요하다.

정신을 집중하면 한 가지 문제점에 대해서 정말 놀랄 정도로 많은 해결책이 튀어나오는 법이다. 수년 전 어느 대학의 문제 해결 세미나에서 있었던 일이다. 회원 각자에게 지금 두통거리인 문제를 공사의 구별 없이 열거하도록 지시가 내려졌다. 나머지 회원의 집단 사고를 통하여 문제들의 해결책을 찾으려 하는 것이 세미나의 목표였다.

대낙농가의 아들이 회원 중 최연소자였다. 그는 매년 여름 여러 가지 부서의 훈련을 받았다가 대학을 졸업하고는 경영자의 한 사람으로 일을 시작했다. 그가 경영에 참가하게 되면 마찰이 생길 것이고 무엇보다 고참인 중역들에게는 귀찮은 라이벌이 왔구나 하는 인상을 주지 않을까 걱정이 되었다. 그래서 그 모임의 회원들은 이 문제에 대하여 집단 사고를 실시했고 놀랍게도 96가지의 명안을 생각해 냈다.

누구나가 이와 같은 집단에 참가할 수 있는 것은 아니지만 단 한 가지 문제에 대해서도 이런 정도의 해결안을 생각할 수 있다는 것을 나타내는 좋은 예라 생각된다.

그러면 수집한 정보에서 뭔가 새로운 일이 파악될 때까지 데이터의 수집과 음미에 어느 정도 시간이 걸리면 좋은가. 덧붙여 말하면 모든 사실을 분석하고 해결안을 최대한 짜낸 후엔 잠시 그 문제에서 떨어져 있자. 일을 그만두고 그대로 귀가하든가 그날은 가게 문을 닫든가 1,2시간 정도 성질이 전혀 다른 일을 하도록 한다. 그리고 나서 다시 문제에 되돌아와 가장 좋다고 생각되는 해결안을 택하는 것이다.

제시된 모든 해결안을 문제에 시도해 본다

좋은 해결안이 머리에 떠오르면 그것을 시도해 보아야 하며 될 수 있는 대로 객관적인 태도를 갖는 것이 바람직하다. 도저히 객관적인 입장이 되지 못할 때는 판단을 일시 중지하고 시간이 흐른 후에 특히 마음에 드는 해결안을 하나 고르면 된다.

비록 그것이 잘못되어 있어도 미리 판단 기준을 정해 둔 후에 내린 결정이라면 객관적이라고 말할 수 있을 것이다. 다음에 체크리스트를 열거해 두었으니 참고로 하여 어느 안을 채택할 것인가를 정하는 데 이용하기 바란다.

1) 이것으로 지금 문제가 해결될까.

2) 이것은 항구적 해결법인가 아니면 일시적 모면책인가.

3) 실제 효과가 있을까.

4) 실시하는데 비용은 얼마나 드는가.

5) 나(회사)는 그 비용을 충당할 수 있는가.

6) 모두 찬성해 줄 것인가.

해결책 선택 방법

경영자의 근본적인 업무는 최종 결정을 내리는 일이다. 다시 말해 살아남아 안심하고 잠잘 수 있는 결정을 내려야 한다. 때때로 다른 것보다 뛰어난 해결안이 뒤늦게 나올 때가 있지만 무엇보다 내린 결정에 책임을 다해야 할 것이다.

또 이것저것 시도해 보았으나 별로 신통한 해결책이 나오지 않을 때도 있다. 이럴 때 몇 가지 안을 짜 맞춰 보는 것도 좋다. 도움이 될 법한 안을 택했으면 그 안의 최대 강점이 무엇인가 생각한다. 그리고 충분히 머리를 짜서 그 강점만을 결합시켜 가장 좋은 해결책을 만들어 내는 것이다.

여기서 조언해 둘 것이 있다. 문제 해결에서 최대의 함정은 그때의 욕구나 감정에 따라서 결정 사항이 좌우된다는 것이다. 다음에 열거하는 규칙은 감정을 배제하고 논리적 사고를 추진시키는데 도움이 되리라 생각한다.

1) 즉단을 피한다. 한 발 한 발 과정을 밟아서 최종안에 도달 하도록 한다.

2) 감정의 영향을 가능한 한 억제한다.

3) 머리를 편안한 상태로 해둔다. 강한 압력을 받으면 아무래도

무리가 생기기 쉽고 지름길이나 편법을 바라기 쉽다.

4) 자기 희망에 비춰 봐서 그 해결책 또는 결정이 너무 벗어나고 있지 않은가 또 한 번 검토해 본다.

5) 제1안이 실제로 적절한가 어떤가를 보기 위해 더블 체크가 필요하다.

6) 충동적인 행동을 하지 않기 위하여 문제점 및 그것에서 파생하는 결과에 대해서는 더욱 철저히 생각을 거듭하라.

7) 비록 결정이 만족스럽지 못해도 그 결정에 따라야 한다는 것을 이해해야 한다.

문제의 키포인트를 찾아라

이런 방식을 거쳐 '과학적' 의사결정이 이루어진 후엔 최종단계로서 결정된 일을 실행에 옮겨야 한다. 잘만 되면 당신의 의사결정은 정확했다고 할 수 있다. 그러나 예기치 못한 곤란한 사태가 발생하여 꼼짝 못하게 되면 의사결정의 과정을 원점으로 돌아와 다시 검토해야 한다. 이제는 무엇이 장벽인가 알고 있으므로 이번에는 어느 해결안을 택하면 되는지 명확해진 것이다. 자기가 문제점을 잘못 지적한 것은 아니었던가 하는 생각은 절대로 해서는 안 된다. 앞에서 분명히 중요 포인트는 문제점을 정확히 파악하는 것이라고 말해뒀다. 물론 아무리 좋은 해결안을 택해도 문제 파악이 빗나가면 잘 될 리가 없다.

중요한 것은 제시된 결정을 실행에 옮기는 일이다

잘 기억해 두어야 하는 일로 어떠한 결정보다 우선해야 하는 것은 그 결정을 실행에 옮기는 사람들을 선택하는 것이다. 그리고 실행 단계에서는 담당자에게 현재 이상의 능력 또는 이해가 요구될 때가 있을 수 있고 그 외에 해결의 길이 없는 경우도 있을지도 모른다. 그렇기 때문에 현재 스태프의 능력 개발에 전력을 다 하거나 그것이 안 되면 요건을 만족하는 인재를 외부에서 데려올 필요가 있을 것이다.

어느 종교 모임에서 가족의 협력을 얻어 커다란 성공을 거둔 일에 대하여 예를 들어 보겠다. 문제는 그 종교 집단의 활동과 계획을 모든 사람이 잘 이해하지 못한다는 데 있었다. 어쩔 수 없이 담당자는 회원 명부를 한 장 한 장 넘겨보다가 몇 사람의 PR관계자가 있는 것을 발견해 내었다. 우리들은 특별 위원회에 초대되어 자문을 요구받았다. 곧 우리들은 플랜의 윤곽을 만들고 활동을 시작했다. 우리들로서는 남을 돕는 일도 되고 기분 전환이 되기도 하는 활동이었다. 우리들도 만약 이런 부탁이 없었으면 하지 못할 일이었다. 의사결정자인 당신으로서는 문제점을 명확하게 하고 정보를 수집하고 목표를 정하고 해결안을 선택하는 것까지는 할 수 있다. 그러나 그 후의 실행 단계는 별도이다. 당신이 할 수 있는 것은 이것을 실행에 옮기는 사람과 만나 무엇을 해야 하는가를 전하고 그들의 의욕을 북돋우는 일 정도일 것이다. 그들이 성의 있게 일을 해줄 때에야 비로소 의사결정은 성공했다고 볼 수 있다.

의사결정의 준비단계에 있어서 다른 사람을 참가시킬 필요는 없다. 실행단계의 담당자는 모임에 적극 참가하도록 하여 여러 가지 의견을 듣도록 한다. 최종 결정을 내리는데 결정적인 제안을 할 수 있기 때문이다. 뭐니 뭐니 해도 현장을 잘 알고 있는 사람이 담당자이므로 눈에 보이지 않는 곤란한 상황이나 못보고 빠뜨린 문제 따위를 지적해 줄 것이다.

일단 내려진 결정은 다른 사람의 작업에도 영향을 주기 때문에 그들의 업무 달성을 도와서 작업하기 쉽고 한층 더 능률적이며 또 의욕적으로 일을 할 수 있도록 신경을 써야 한다. 의사 결정자의 이익 또는 만족만을 생각하여서는 안 된다. 비즈니스 경쟁이라는 치열한 세계에서는 솔직한 사고방식이 정확한 코스를 밟기 위한 지도를 보는데 도움이 된다. 비즈니스 경쟁은 기술의 진보에 따라 의사결정의 기술을 갖지 못한 사람에게는 점점 냉혹한 현실로 다가 올 것이다.

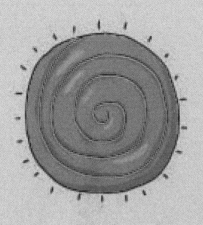

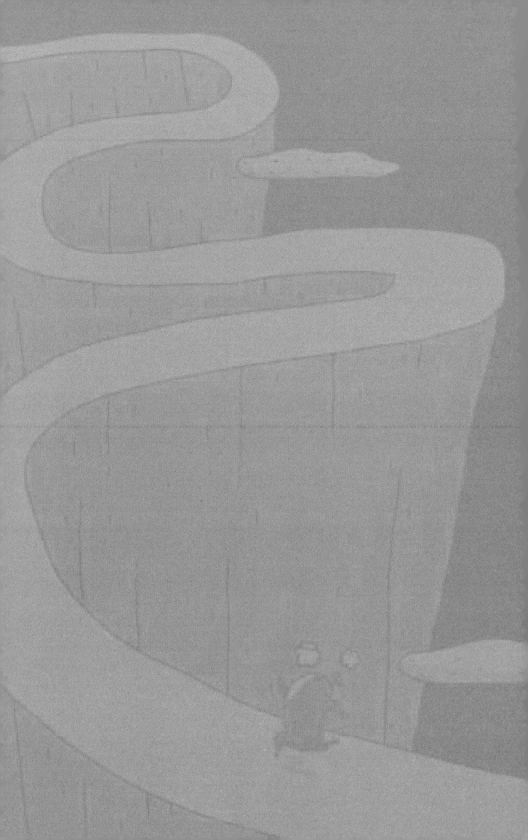

9장

실패에서
배워라

한 번 저지른 잘못은 두 번 다시 하지
않는다.

실패를 인정한다

회사를 경영하다 보면 실패할 때가 많다. 그리고 성공을 위해서는 경영자에게 조심성보단 결단이 요구될 때가 많다. 이 점에 대해선 이미 앞에서 기술한 바와 같다.

현대와 같이 경쟁이 심한 시대에는 좀처럼 행동할 수 없는 사람이나 불안한 사람이 오히려 의사결정이 서툰 사람보다 크게 실패를 범하기 쉽다. 그러나 성공할 수 있는 사람이란 자기가 범한 실패를 그대로 두지 않는 사람을 말한다. 그는 실패를 인정한다. 그리고 그 이상으로 중요한 것은 어떠한 경우라도 실패를 보상하고 더 나아가 실패에서 이익을 얻는 일이다.

무엇보다 실패했다고 해서 이 세상 다 끝났다고 생각하지 말 것. 왜 실패했는가. 그 원인은 다음 세 가지이다.

1) 판단이 서투르다.

2) 계획이 불안전하다.

3) 수단이 불충분하다.

실패는 다시 만회할 수 있다

다음에 실패의 손실을 보충하기 위해서는 노력이 필요하며 같은 실패로 또 다시 거듭하지 않도록 주의한다. 그러기 위해서는 일반적으로 다음 네 항목이 요구된다.

1) 실패를 분석한다.

2) 원인을 여러 가지로 생각한다.

3) 다음 취할 조치를 생각해 둔다.

4) 실패에서 뭔가 배우도록 한다.

실패를 하게 된 정확한 이유를 분석한다

실패에 대하여 여러 가지를 살펴보기 전에 아이디어의 단계에서 실행에 옮긴 시점까지를 분석한다. 이것으로 왜 실패했는지, 그 원인을 알아내는 것이다. 실패를 분석하는 데 다음 항목은 좋은 체크 포인트가 될 것이다.

1) 그 실패는 정말 큰 타격이었는가.

2) 어떻게 실패했는가.

3) 실패는 두 번 다시 되풀이하지 않는다고 단언할 수 있는가.

4) 그 기획을 추진하는 데 계획은 정말 적절했는가.

5) 실행의 타이밍은 적절했는가.

6) 모든 사태를 예측할 수 있었는가.

7) 추진 중 점검을 게을리 하지 않았는가.

8) 적절한 인재를 배치했는가.

9) 부하에게 정확한 정보를 제공했는가.

10) 부하에게 적절한 수단을 주었는가.

11) 충분한 감독이 이루어졌는가.

12) 커뮤니케이션은 만족하게 이루어졌는가.

13) 필요한 데이터를 구비하기 위하여 준비한 기획은 충분히 지켜졌는가. (follow up)

14) 뒷받침이 있었는가.

15) 일시 모면하기 위한 조치는 아니었는가.

다른 것에 비하여 필요 이상 편파적(가리기)인 조치는 없었는가.

실패에는 반드시 원인이 있다

—

실패의 원인은 여러 가지이다. 정보 부족, 부주의, 오해, 졸렬한 커뮤니케이션 등이 포함될 것이다. 알고 있는 세 명의 기름 판매업자의 경우, 한 사람은 거대한 저장고와 신형 운반 설비에 거액의 투자를 했으나 난동 이변에 부딪혀 심한 재정 곤란에 빠지고 말았다. 또 다른 업자는 고속도로 위원회가 또 다른 고속도로를 만들기로 했다는 정보를 그대로 믿어서 거액의 투자를 하여 새로이 두 곳에 주유소를 만들어 버렸다. 이 경우는 새로 도로를 만드는지 충분히 확인하지 않고 무모하게 일을 벌여 생긴 부주의에 의한 실패다.

세 번째 사나이는 전혀 쓸모없는 처남에게 지점을 맡겼다. 처남이 주정뱅이에 믿지 못할 사람이라는 것을 알면서도 아내의 간청에 져버린 것이다. 6개월도 못되어 싱짐에 손님의 빌이 끊기고 종입원의 사기도 완전히 저하되어 버렸다. 그리고 설상가상으로 처남은 도박의 손실을 보충하기 위해 공금에 손대는 일까지 저지르게 되었다.

한 번 저지른 잘못은 두 번 다시 하지 않는다

—

왜 실패했는지 분석한 후에는 두 번 다시 같은 잘못을 범하지 않도록 확실히 머릿속에 새겨두어야 한다. 실패의 원인 규명이 끝나면 다음 단계에 들어간다. 같은 실패나 비슷한 잘못을 두 번 다시 하지 않겠다고 선언한다. 될 수 있으면 트러블을 방지하기 위하여 분석한 결과를 조목별로 써두는 것도 좋다.

주유소 경영에 실패한 사람의 경우, 앞으로는 새로운 도로 계획에 관한 정보를 확실히 입수할 수 있도록 신중을 다해야 한다. 설비 투자에 실패한 사람은 차입금이나 자금 유통에 조심한다.

처남을 고용해서 경영난에 빠진 사람의 경우는 고용할 때 엄격한 관리를 하면 되는데 물론 문제는 아직 남아 있다. 단호한 태도를 취하는 것은 좋으나 어떻게 아내를 달래느냐 하는 것이 문제이다. 그 처남처럼 쓸모없는 사람을 다시 고용해야 할 경우에 놓이면 그 쓸모없는 사람은 상점에서 손님과 종업원과는 관계없이 일할 수 있는 부서에 배치한다. 그리고 절대 눈을 떼어서는 안 될 것이다.

일반적으로 실패의 원인은 바로 어떤 조치를 취해야 하는지 방법을 가르쳐주기 마련이다. 종업원과 관계가 있는 문제라면 그 종업원을 능력에 맞는 부서에 배치하는 것이 답이 될 것이다. 그러나 위험신호가 나타날 때까지는 가능한 한 보류해 두는 것이 좋다. 다시 한번 재검토할 방법을 책정해 둘 시간을 마련해야 하기 때문이다.

잘못을 인정한다

자기가 실패했다는 사실을 인정한 시점에서 다음에 취해야 할 일은 새로운 비즈니스에 관하여 계획하는 일이다. 이 시점에서는 관점을 바꾸어 실패를 범한 종업원의 입장에서 생각해 보는 것이 좋다. 종업원이라 해도 관리자 내지 감독자 급의 인물이다.

왜, 또는 어떻게 했기에 실패했는지 그 원인이 잘 이해되면 종업원은 잘못을 인정해야 한다. 인정하려고 하지 않는 종업원은 잇따라 거짓말을 하게 되고 끝내 거기서 빠져 나오지 못하게 된다. 여기에 딱 들어맞는 이야기를 하자. 실패를 인정할 때는 할 수 없이 인정한다는 태도는 피해야 한다. 종업원은 이 실패에서 배운 많은 유리한 점을 살리고 보고서를 낼 때는 건설적인 의견을 내야 한다. 그는 상사의 입장에서 생각하면 된다. 실패담을 중얼중얼 늘어놓을 필요는 없다. 또 실패로 좌절한 모습을 보여서는 안 된다.

요컨대 상사가 알고 싶은 것은 그 잘못 때문에 무엇이 일어났고 그 것이 다른 사람에게 어떤 영향을 미쳤고 그래서 어떤 조치를 취해 문제를 처리했는가 하는 점이다. 보고서에는 간단하게 사실만을 기술한다.

계획을 수정한다

이제 실패의 원인도 충분히 파악되었으니 당신이 해야 할 일은 결단이다. 우선 다시 한 번 같은 방법을 취할 것인가, 약간의 수정을 가한 후 실행에 옮길 것인가를 결정할 필요가 있다. 계획을 수정한다면 실패를 원인 추궁해서 알게 된 원인과 약점을 극복해야 한다.

그리고 원인의 정도 여부에 따라서 계획 그 자체를 대폭 근본적으로 변경해야 할 때도 있을 수 있다. 경우에 따라서는 인원 정리를 하여 새로운 우수한 인재를 고용해야 할 때도 있다. 새로운 시설도 필요하다. 새로운 운영방법, 새로운 작업순서, 스케줄의 변경도 필요할 것이다.

실패에서도 배울 것은 많다

제3의 방법이지만 이전의 계획을 계속하든 변경하든 결국은 해두어야 할 사항이다. 이것에 의하여 계획의 완전 실패가 방지될 것이다. 결국 어떤 행동을 취하든 실패에서 체득한 것을 활용한다면 절대 손실은 없을 것이다.

실패에서 배운 것을 업무에 활용하면 된다. 자기의 약점을 극복하고 장래의 의사결정 실패의 경험을 충분히 살려야 한다.

새로운 목표와 행동 방향을 정한다

이제 당신은 새로운 비즈니스나 업무를 향하여 돌진해야 하며 반드시 성공을 거두어야 한다. 그 전에 당신이 해야 할 일은 경영 방침의 결정이다.

1) 새로운 목표와 목적을 정하라.
2) 새로운 기술을 개발하라.
3) 새로운 계획을 세워라.
4) 새로운 계획의 결함을 찾아라.

5) 새로운 업무에 사람을 배치하라.

6) 최종 스케줄을 제출하라.

7) 새로운 계획을 실행하라.

8) 계획대로 일이 진행되고 있는지 주의하라.

9) 필요에 따라서 수정 변경을 가하라.

실패를 무시해서는 안 된다

실패 했을 때의 가장 중요한 규칙은 절대 실패를 무시하지 않는다는 것이다. 초조하거나 욕구 불만에 빠지더라도 거기서 뭔가를 배우고 자신을 격려해 나간다면 크게 성공할 수 있는 것이다. 실패의 원인을 자세히 살펴봄으로써 약점을 알고 또 지금까지 깨닫지 못했던 장점도 알게 된다. 실패했을 때는 다음과 같이 자문자답해 보는 것이 좋다.

1) 실패의 원인을 제거했는가.

2) 실패에서 어떤 아이디어, 경험, 기술을 체득했는가.

3) 그 실패로 인하여 다른 업무에도 재검토가 필요한 경우는 생기지 않았는가.

실패가 발생했을 때는 모든 사실을 살피고 원인을 규명해야 한다. 만약 실패가 그대로 방치된다면 그것은 모래 위의 성과도 같이 쉽게 무너지기 마련이다. 어떤 실패이든 혹은 사정이 있든 간에 실패에 관해서는 한 치의 관용도 없이 검토되어야 한다. 뭔가가 결정된다면 행동은 그 다음 차례이다.

물론 누구든지 실패한다. 당신의 성공은 자기 실패에 어떻게 대처하고 무엇을 배우는가에 달려있다.

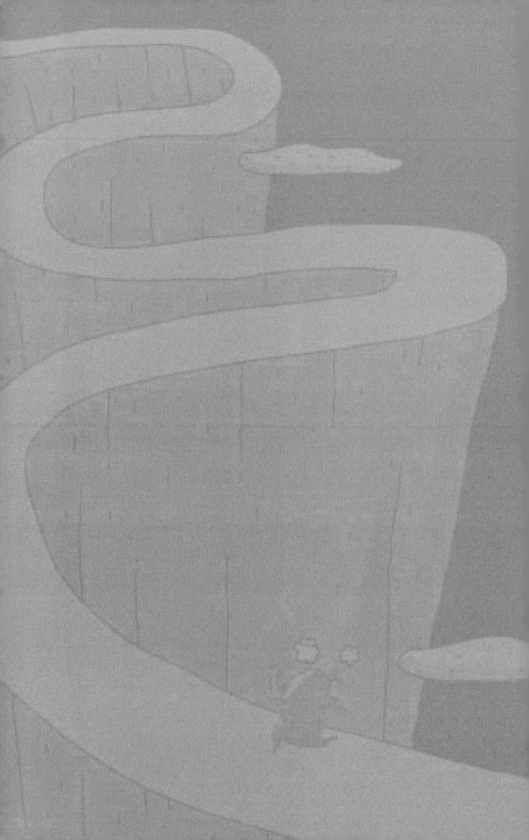

10장

긴장을
해소하라

현대는 압력의 시대다. 곤란에 처하거나
짜증이 나거나 하면 우리들은 정신적 변
화를 체험한다.

책임은 긴장을 수반한다

당신은 하루 중에서 일을 위하여 몇 시간을 소비하고 있는지 아는가? 10시간, 12시간, 14시간이나 될까? 이 가운데는 과잉 긴장에서 생기는 헛된 시간도 꽤 많은 것이다. 다행히도 이 정신적, 신경적 피로를 없애는 방법은 존재한다.

우선 이 긴장이나 압력이 어디서 오는가 찾아보기로 하자. 긴장은 어른이 된 후 걸리는 병이 아니라 태어났을 때부터 계속 따라다니는 증세라고 말할 수 있다. 어린 아이가 걷거나 말하는 것을 배울 때도, 무의식적으로 압력을 느끼고 있다. 학교에 다니게 되면 시험, 활동, 더 크면 데이트, 결혼, 취직 그리고 독립 등 끊임없이 우리들은 압력을 받고 있다.

현대는 압력의 시대다. 곤란에 처하거나 짜증이 나거나 하면 우리들은 정신적 변화를 체험한다. 직장에서도 사회생활에서도 긴장을 발생한다. 또 열심히 일하다 보면 긴장도 증가한다. 빚이 늘어나거나 결혼 자금에 자녀 교육자금까지 겹치다 보면 반드시 긴장이 일어난다. 책임 있는 지위에 오르면 역시 새로운 압력을 받게 된다.

결국 긴장은 직무에 따라오기 마련이다. 그리고 또 앞에서 말한 바와 같은 여러 가지 압력이 당신에게 피로감을 주고 일이나 사회활동을 방해하는 원인임을 기억하고 있어야 한다.

그러나 아주 성가시게도 이 긴장에서 자연스럽게 해방되기란 쉽지 않다. 동물은 화가 나면 그 상대를 공격한다. 당신 책임도 아닌데 고객으로부터 "무슨 일을 그 따위로 하는 거야."란 말을 들었다고 치자. 도대체 어떻게 해야 될까. 경영지가 약속한 보너스를 주려고 하지 않을 경우는? 물론 당신은 화를 낼 것이다. 그리고 긴장이 고조된다. 경영자나 고객의 코에 펀치 한 대를 먹여주고 싶겠지만 현실은 그럴 수도 없다. 화가 나서 속이 부글부글 끓으면서도 꾹 참는 경우가 많다. 이윽고 목덜미에 땀이 흐르기 시작한다. 긴장이 심해지고 머리나 등이 아프다. 기분이 나쁘다. 정말 화가 난다. 해야 할 일은 산더미 같이 쌓여 있는데 도무지 진척이 되지 않는다. 오늘 남겨두면 일거리는 점점 쌓이기만 하고 다음날 아침엔 진절머리가 날 것이다.

긴장은 미리 싹부터 잘라내야 한다

緊張을 극복하는 방법은 두 가지 이다. 첫 번째는 운동이다. 이것의 효과는 매우 큼에도 불구하고 잊혀지고 결국 운동에 관한 관심도 사라진다. 운동을 하더라도 소용이 없는 사람에게는 자기 관리의 프로그램이 있으므로 이를 활용하여 해결하면 된다.

유명한 트레이너가 주최한 강습회에서 소개한 앉아서 일하는 사람을 위한 간단한 운동을 소개한다.

1) 의자에 앉을 때마다 팔을 힘껏 펴서 크게 심호흡한다.
2) 10~20분마다 똑바로 의자에 다시 앉아 어깨를 좌우로 돌리고 몸을 편안히 한다.
3) 30분마다 의자등에 기대어 충분히 몸을 뒤로 젖힌다.
4) 전화를 손 가까이 놓지 말고 좀 떨어진 곳에 놓아둔다. 전화가 올 때마다 손을 펴야 하기 때문에 팔 운동이 된다.
5) 일어서기 전에 앞으로 구부리고 발끝을 잡도록 한다.

이상이 앉아서 일하는 사람을 위한 간단한 운동이다. 습관화 될 때까지 계속해서 실천하면 긴장을 해소하는데 얼마간 효과를 볼 수 있을 것이다.

운동시간이 없는 사람에게 제안하는 책상 체조법

하루 1시간이라도 운동시간이 있으면 좋겠지만 아마 대부분 그런 여유가 없을 것이다. 만약 있다고 해도 운동을 하는 사람은 극히 소수이다.

주위에 아무도 없다고 하자. 그럴 때 두서너 번 빨리 엎드려 팔굽혀 펴기를 하자. 그 다음 몸을 구부리고 발을 잡는 운동을 5~10회 반복한다. 이것만으로도 하루 종일 몸에 쌓인 피로가 풀릴 것이다.

그러나 실제로는 상사나 동료 또는 부하들의 눈에 게으름을 피우는 것으로 비춰질까봐 도저히 그럴 수 없는 경우도 있을 것이다.

이 두 가지 운동조차 불가능한 사람에게는 "책상체조"란 것을 제안하고 싶다. 바로 "의자에 앉아 팔 굽히기 운동"이다. 이 간단한 운동은 긴장 해소의 빠른 효과를 보여준다. 앉은 채 의자의 팔걸이를 잡는다. 그대로 팔을 펴서 몸을 들어 올린다.내리고 다시 들어 올리는 운동을 5~10회 되풀이 한다. 하루에 틈나는 대로 몇 번씩 하는 것이 좋다.

또 하나는 '책상 엎드려 팔 굽히기'이다. 책상 끝에 양손을 대어 목을 떠받친다. 팔을 쭉 펴서 일단 선 자세를 취한다. 다시 책상에 엎드린다. 팔을 펴고 선다. 이 동작을 열 번 한다. 이 운동의 장점은 그다지 에너지를 쓰지 않고도 몸의 컨디션을 좋게 할 수 있다는 점이다. 마루 위에서 본격적인 엎드려 팔 굽히기를 하는 것보다 작은 공간에서도 가능하며 긴장이 순식간에 해소되는 적당한 운동이다.

의자에 푹 앉아 있는 것은 금물이다. 등뼈에 필요 없는 무게가 실리기 때문이다. 또 편안하게 호흡할 자세를 취하도록 권한다.

상대방에 대한 배려를 한다

비록 어렵고 난처한 입장에 처해 있는 경우라도, 가능하면 상대편에게 부담 주는 이야기를 하거나 또는 상대편의 기분을 상하게 하는 이야기를 아무 생각 없이 즉흥적으로 해서는 안 된다. 예를 한번 들어보자. 직장에서 약간 늦게 돌아와 보니 친구들이 집에서 기다리고 있었다고 하자. 그래서 친구들 앞에서 '서둘러 온다고 왔는데 교통 혼잡 때문에 사람만 더 피곤하네' 라고 짜증내면서 말을 꺼냈다면 분명히 기다리는 친구들에게 정신적인 부담감을 안겨줄 것이다. 이 이야기를 약간만 바꾸어서 "야, 너희들 너무 오래 기다렸는데 너희들이 먼저 와서 기다리니 기분이 상쾌한데"라고 한다면 자신의 기분도 한결 가벼워지고 또 상대편도 편안한 마음을 가질 수 있을 것이다.

불평스러운 이야기나 난처한 표현 방법으로 상대편을 부담스럽게 한다면 이는 불안과 함께 스트레스를 유발시키는 계기가 된다. 어떠한 일이라도 부정적인 생각에서 자신의 생각이나 느낌을 이야기한다면 대개의 경우 대화는 퉁명스러워지고 쉽게 분위기가 깨지게 된다.

대화가 즐거운 마음으로 시작되고 또 이어질 수 있을 때, 상대편과의 대화는 훨씬 충실해질 수 있을 것이며 그 대화로부터 얻을 수 있는 이점은 더 많아질 것이다.

현재와 미래에 집착하자
———

많은 사람들은 때로 너무 과거에 집착한 나머지 현재를 즐기지 못하고 있다. 어떤 사람이 과거에 자신을 배신했던 행위, 자신이 정당하게 대우받지 못했던 기억, 또는 실수로 잃어버렸던 물건 등을 잊지 못하고 계속 생각하고 있는 동안에는 마음속에 항상 불안과 분노가 남아 있기 마련이다. 이러한 불안과 분노 그리고 후회가 계속 남아 있을 때 스트레스는 계속해서 축적된다.

불안스러웠던 과거 또는 분노와 후회에 싸인 과거를 현재로부터 단호히 단절하고 과거의 모은 것을 망각할 수 있는 용기와 지혜가 무엇보다도 중요하다. 이제 모든 것은 끝난 일이며 결코 다시 과거로 돌아갈 수 없다는 생각과 함께 과거의 내 자신과 다른 모든 것들을 용시할 수 있는 강힌 인내, 이올리 현재에 충실히고 현실에 집착하려는 노력이 필요하다.

미래만이 믿을 수 있고 성취할 수 있는 모든 것임을 다시 생각하자.

긍정적인 사고방식을 가진다
———

현대인들은 조금의 여유도 용납될 수 없을 만큼 바쁘다. 생활이 바쁘다보니 정서적으로 안정을 가질 수 없게 되고 잠도 제대로 이루지 못하는 경우도 많다. 때로는 24시간 쉴 사이 없이 허덕이며 생활에

쫓기다 보면 이웃을 생각할 겨를도 없이 지나치는 경우가 허다하다.

이 모든 어려움은 마음속에 무엇인가 너무 큰 부담을 안고 하루하루를 살아가고 있다는 데 기인한다. 마음도 마찬가지다. 마음이 조용하고 안정되어 있을 때는 우리들 자신을 하나하나 자세히 볼 수 있지만 마음과 감정이 온통 스트레스로 쌓여 있을 때에는 생활에 대한 방향감각을 잃게 된다. 스트레스에 시달리는 동안에는 흔히 볼 수 있는 작은 사건도 큰 문제인 것 같이 여겨지고 모든 것이 어려울 뿐이며 하나도 기분 좋게 풀리는 것이 없다.

잡념을 없애고 항상 마음을 평화롭고 조용한 호수처럼 단련하는 훈련이 필요할지도 모른다. 이른 새벽에 혼자 일어나 조용히 앉아서 어제까지 있었던 모은 일과 오늘 있었던 일들을 전혀 떠올리지 않은 채 마음을 온통 무아의 경지로 빠져들게 해보자.

여유 있는 생활은 여유 있는 마음을 이끈다

조용한 시골길이나 공원, 해변을 걸어보라. 맑은 공기를 호흡할 수 있는 것은 물론 삶을 위한 경쟁이 계속되는 전쟁터에서 잠시라도 떨어져 있으므로 아늑함과 편안함을 느낄 수 있다. 그렇기 때문에 정신적인 스트레스를 잠시라도 잊을 수 있게 된다.

가족들과 함께 일주일에 단 하루라도 야외로 나가서 황금보다도 더 귀한 자연이 주는 선물(맑고 신선한 공기)을 마음껏 마셔 보자. 맑고 신선한 공기가 우리의 건강을 지켜주고 스트레스를 덜어주는 유일한 보약임을 스스로 느낄 수 있을 것이다.

우리 조상들은 오늘날과 같은 문명 생활을 영위하지는 못했지만 자연 속에서 자연의 일원으로 자연에 순응하면서 다른 구성원들과 함께 조화를 이루어 가며 살았었다. 그래서 스트레스와 같은 각종 현대병이라고 일컫는 고질적인 병들을 모르고 살았다. 그러나 현대인들은 콘크리트로 둘러싸인 조그마한 방에서 모든 것이 제한된 조건아래 살아가고 있다. 이러한 제한된 생활에서 벗어나 옛날 우리 조상들이 살아온 대로 자연으로 돌아가는 기회를 자주 가짐으로써 자연에 순응하고 자신의 정신과 건강을 자연스럽게 유지해 가도록 노력할 때 스트레스는 스스로 줄어들고 사라질 것이다.

스트레스는 운동으로 풀 수 있다

많은 사람들이 여가 선용의 한 방편으로 여러 가지 운동에 참여하고 있다. 가족이나 직장 동료끼리 등산, 테니스, 조깅을 즐기는 예들은 국민 소득의 증가와 함께 여유를 올바른 방향으로 즐기는 좋은 현상들이다. 이처럼 건전하게 여가를 즐김으로 해서 행복하고 생산적인 가정생활을 누릴 수 있음은 물론 건강을 증진시킴으로써 고혈압을 비롯한 여러 가지 질병(흔히들 고급 병이라 칭한다.) 치료에 많은 도움을 얻을 수 있다.

물론 무조건 운동을 한다고 건강의 증진과 질병의 치료가 이루어지는 것은 아니다. 다시 말하면 운동을 하고 있는 동안에도 자기가 하고 있는 복잡한 일이나 직장 동료와의 어려운 관계 또는 가정적인 문제 등을 생각함으로써 계속 스트레스 받고 있다면 운동의 효과는 기대하는 것만큼 나타나지 못한다. 육체적으로만 운동이 진행되고 정신적으로는 딴 생각에 잠겨 있을 경우엔 운동이 오히려 건강을 해칠 수 있다는 이야기다. 따라서 우리는 운동하고 있는 동안 마음을 운동에 집중시키는 노력을 계속할 필요가 있다.

가끔 창문을 열어 공기를 환기시킨다

숨이 가쁘고 답답한 방에서 일하는 것은 피하는 것이 좋다. 환기가 나쁘면 같은 일을 하는데도 여분의 에너지를 더 소비해야만 신선한 장소에서 일하는 것과 같은 효과를 얻을 수 있다. 충분히 능률을 올리기 위해서는 뇌세포에 신선한 공기를 넉넉히 보내 주어야 한다.

그리고 방의 온도는 10℃~21℃이면 그다지 피로하지 않고 기분 좋게 일할 수 있는 온도이다. 이것보다 높거나 낮아도 능률이 100% 발휘되려면 여분의 에너지가 필요하다. 32℃를 넘으면 19℃~21℃인 경우에 비해서 50%나 더 많은 에너지가 필요하다는 것이 실험에 의하여 증명되어 있다.

휴식 시간은 육체노동자에게나 정신노동자에게나 매우 중요하다. 다만 편안하게 쉬는 방법이 다를 뿐이다. 육체노동자의 경우 완전히 몸을 쉬게 하는 것이 좋고 노동자의 경우는 완전히 머리를 쉬게 만드는 것보다 적당히 뇌가 자극받을 수 있도록 활동하는 것이 좋고 다트 같은 놀이도 기분 전환과 피로한 근육을 푸는 데 아주 좋다.

쌓인 긴장을 걷는 것으로 풀자

몸의 컨디션을 조절하고 긴장이 쌓이지 않도록 하기 위하여 매일 일정한 운동을 한다. 운동과 걷기에 대해서는 앞으로 더 자세히 기술하겠지만 이 두 가지는 일의 효과를 배로 올리는데 매우 유용하다.

실제로 통근길에서 건강을 유지하는 방법은 많다. 될 수 있는 대로 계단 이용하기, 역이나 주차장까지 걷기, 점심시간에 산책하면서 밖의 신선한 공기를 들이마시기 같은 것이 그 예이다. 먹은 것이 잘 소화되도록 밖으로 나가 산책하는 것도 좋은데 이는 우연히 아름다운 여성과 만나는 기회가 생기면 눈의 보양도 되니 금상첨화라 할 수밖에 없다. 방안에서 아무 일도 하지 않으며 있는 것보다 기분도 새로워져 오후의 직무를 다시 시작할 수 있을 것이다.

또 하나의 좋은 방법은 저녁식사 후 가족 모두 가볍게 산책하는 것이다. 기분도 좋아지고 밤에도 푹 잘 수 있다. TV 앞에 앉아 있기만 하는 것은 가장 효과가 적은 휴식 방법이다.

집에 일거리를 가져 오더라도 밤에 편안히 잠자리에 들기 위해 반드시 해야 할 일이 있다. "갔다 왔소."하고 가족에게 인사하고 난 후에 개를 데리고 산책하러 나간다. 왕복 1마일이라면 대단한 것은 아니다. 산책에서 돌아오면 샤워를 하고 옷을 갈아 입는다. 그리고 가족 모두 함께 저녁식사를 한다.

식사 후 애들과 같이 놀며 지낸다. 아이들이 자는 시간이 되면 그 후는 나만의 시간이다. 아내에게 부탁받은 것을 만들거나 회사에서 못했던 일을 하거나 마을 회합에 출석하거나 그저 그럭저럭 지낼 수도 있다. 침대에 들기 전에 개를 데리고 밤 산책을 다시 한다. 그러고 나서 또 한 번 샤워를 하고 침대에 들어간다.

캘리포니아 대학의 어느 과학자는 육체의 피로를 없애는 가장 손쉬운 방법으로 찬물샤워를 들었다. 아마 좀 선뜻하기는 하겠지만 효과는 틀림없을 것이다.

운동은 자기 관리를 위한 최상의 방법이다

어떤 운동이라도 매일 계속하면 몸에 좋은 것은 물론이고 긴장도 쌓이지 않는다. 이것은 틀림없는 사실이다. 개인마다 몸의 컨디션이 다르므로 의사와 상담하여 자기에게 알맞은 운동을 조언 받는 것이 좋다. 그리고 최상의 컨디션이 유지되도록 지속적인 노력을 한다.

다음엔 직무에 의한 스트레스를 없애는 해결책을 이야기 하겠다. 그 것은 이 책에서 말하고 있는 자기 관리의 테크닉이다. 긴장이나 압력에서 몸을 지키려면 일을 완전히 익혀 자유자재로 다룰 필요가 있다. 자기 관리가 잘 되면 어디에 문제가 숨어 있고 문제를 일으키는 참 원인이 무엇인가를 파악할 수 있다. 그 후는 당신 자신에게 가장 좋은 대응책을 결정할 일만 남아 있다. 시간의 자기 관리법 및 앞에서 말한 책상 작업의 감소법은 반드시 당신에게 도움이 될 것이다.

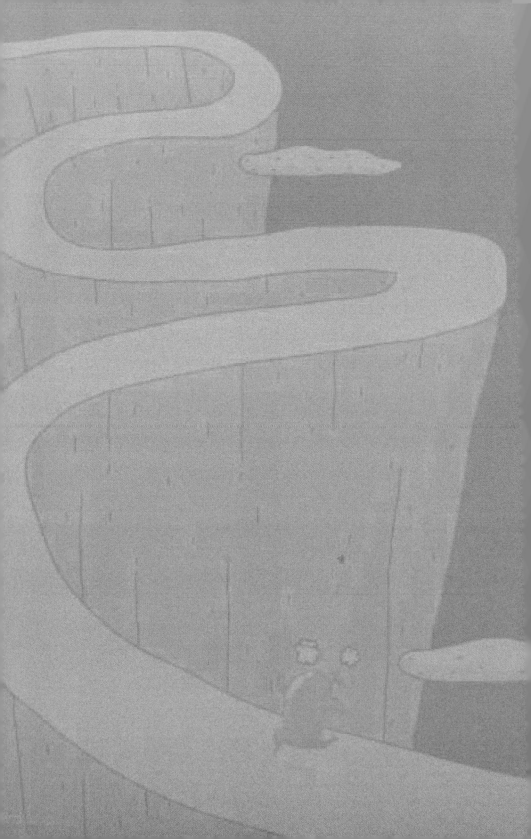

11장

인간관계를
원활하게 하는
비결

능력이 있는 사람일수록 윗사람에게 할
말을 분명히 한다.

말년의 교제는 경험을 배운다
——

사상이나 사고의 단절은 항상 존재하는 법이고, 그것은 반드시 나이 때문만은 아니다. 갈고 닦기를 지속한다면 결코 두뇌는 노화되지 않는다. 다만 인생경험이 풍부하다는 것이 거꾸로 순수한 사고를 방해한다는 점에서 젊은이들의 반발을 사는 것은 어쩔 수 없다. 그렇지만 연령이 많은 사람들과 사귐 또한 의미 있는 일이다.

단순하게 나이가 다르다는 이유로 교제하지 않는다는 것은 인생에 있어서 커다란 손실이다. 나이 많은 사람과 사귄다는 것은 적지 않은 저항이 있고, 시각의 차이나 감각의 차이에서도 불편한 점이 있다.

그렇지만 거기에서 얻는 이득은 몹시 크다. 나이가 많다는 이유만으로 고정관념을 강요하는 사람들만 있는 것은 아니다. 나이를 먹어도 유연성 있는 사고를 가진 사람이 얼마든지 있는 것이다. 망년의 교제야말로 당신의 범위를 획기적으로 넓혀줄 것이다.

대인관계에서의 금기 10계명

1. 조급하게 효과를 구하지 말라.

인맥의 효용을 잘못 이해해서, 아는 사이가 되면 이것으로 인맥을 직결시켜야 한다고 오해하는 사람들이 있다. 혹은 무리하게라도 일로 연결시키지 않으면 손해라고 생각하기도 한다. 그렇지만 비즈니스에서의 이용가치만 생각해서는 결코 지인의 덕을 볼 수가 없다. 먼저 비즈니스맨으로서의 식견조차 의심받을 수가 있다. 중요한 인맥일수록 좋은 와인을 만들 듯 조용히 잠재우고 가장 좋은 시기를 기다려야 한다.

2. 허세를 부리지 말라.

처음으로 만나는 상대에게 자신의 학벌과 가문, 인맥을 갖고 있는가에 대해 과시하지 말라. 예를 들어 약간 안면 정도 있는 유명인이 마치 자기와 둘도 없는 친구인 것처럼 허세를 부렸다가 후에 탄로가 나면 창피를 당할 수 있기 때문이다.

3. 금전거래를 하지 말라.

금액의 대소에 관계없이 인간관계에 금전대차가 있는 것은 좋지 않다. 직접적으로 돈을 빌리고 빌려주는 일은 인간관계 자체를 파괴하는 원인이 된다. 실제로 돈을 빌려주기보다는 생활이나 회사운영 상의 자문을 해주거나 돈을 빌릴 만한 곳을 소개하는 것이 좋다.

만약 돈을 빌려달라는 부탁을 받았다면 상황에 따라 확실하게 거절해야 한다. 아니면 처음부터 포기하고 기분 좋게 빌려주든가 해야 한다. 빚보증도 마찬가지인데 설마 했다간 망한 사례들이 많다.

4. 능력 있는 사람을 비난하지 말라.

능력이 있는 사람일수록 윗사람에게 할 말을 분명히 한다. 반대로 그렇지 못한 사람이 그렇게 처신하는 것은 좋지 않다. 그래서 쓸데없이 그런 사람의 흉을 보고 허물을 들추어내려는 심리가 작용하는 것이다. 그러나 능력 있는 사람을 질투해서 공연히 나쁜 말을 만들어 내거나 좋지 않은 감정을 지니고 있으면 결국은 자기에게 해가 돌아온다.

5. 하루속히 열등감을 헤어나라.

열등감은 직장생활의 적으로 열등감이 있는 사람은 상대를 당황하게 만든다. 직장은 여러 사람과 협력해서 일을 처리하는 곳이다. 일을 맡았으면 그 일에 필요한 지디밍법에 따다 이를 내로 피신을 해야 한다. 혹시 모르거나 어려운 부분이 있다면 동료나 상사에게 묻고 도움을 청하면 된다.

6. 멋대로의 비판은 금물.

세상에는 완벽한 사람이 없다. 그렇기 때문에 누구나 실패하고 잘못을 범한다. 만약 인맥을 넓혀가고자 한다면 사소한 상대의 잘못은 모른체 해주는 것이 예의다. 그러나 교제하는 상대가 크게 잘못된 길을 걸을 때는 아무리 듣기 싫은 소리를 해서라도 비판해야만 한다. 이것으로 일시적이나마 서로의 인간관계가 나빠진다 해도 긴 안목에서는 득이 된다. 다만 비판하는 방법은 고려해야 한다. 즉 제3자 면전에서 상대를 질책하지 말아야 한다.

7. 보이지 않는 곳에서 남을 비판하지 말라.

직장에서 가벼운 험담으로 화근이 확대되는 경우가 종종 있다. 험담은 전해지는 속도가 빠르고 과장되는 것은 보통이다. 이것은 신뢰 관계를 쌓는데 결정적인 타격으로 한 번 잃은 신뢰는 다시 회복하기 어렵다.

8. 모든 것을 아는 척하지 말라.

남에게 불쾌감을 주는 행동 가운데 하나가 바로 아는 척하는 것이다. 대체적으로 이런 사람들은 아는 것도 없고 모르는 것도 없다. 신문이나 TV에서 슬쩍 본 것이나 믿을 수 없는 소문 따위를 과장해서 말하곤 한다. 이런 사람들과 누가 관계를 갖고 싶겠는가? 모르는 것은 흉이 아니지만 문제는 모르면서 아는 척하는 것이다.

9. 직장에서의 파벌은 금물.

파벌 만들기를 좋아하는 사람은 무능하거나 자신이 없는 사람이다. 아무 때나 어울려 다니면서 자기 파벌이 아닌 사람들을 헐뜯고 자기들의 세를 늘리기 위해서는 파렴치한 행동도 서슴지 않는 직장인들이 있다. 이런 사람들은 파벌의 덕으로 잠깐 득세하는 것처럼 보일지 모르지만 많은 사람들에게 신뢰감을 잃어 결국 배척받는 신세가 될 것이다.

10. 남의 일에 간섭하지 말라.

대체로 남의 일에 간섭하고 끼어들어 이러쿵저러쿵 말이 많은 사람은 의심받기에 족하다. 자기의 영역, 자기의 일에 대한 자신감이 없어 콤플렉스를 갖고 있을 때 남의일, 남의 영역에 대한 지나친 비교 익식, 경쟁의식, 도착된 관심을 갖게 되는 것이다.

상대방을 위한 봉사정신은 인간관계의 첫걸음
———

상대에게 은혜를 파는 것은 중요한 교제술의 하나지만, 은혜를 입고 의리를 만드는 것도 사귐을 원활히 하기 위해 중요한 요소다. 의리를 만들면 약해진다고 생각하는 것은 자신이 무력하기 때문이다. 언제라도 두 배 세 배로 갚을 수만 있다면 오히려 의리나 빚은 많을수록 좋다.

상대방을 위해서 뭔가를 해준다는 것은 여간 어려운 일이 아니다. 당신에게 뭔가를 해주는 사람이 있다면, 그것은 오로지 당신의 인덕의 결과다. 그리고 그 사람은 당신을 위해 뭔가 해주었다는 것을 잊지 않을 것이고, 따라서 당신은 그에게 적당한 보답을 하지 않으면 안 된다.

그러나 보답을 했다고 해서, 그 빚이 사라지는 것은 아니다. 그것이 동양사회의 윤리다. 서양사회에서는 빚을 갚으면 그것으로 장부가 정리되는 것으로 인식된다.

그러나 상대방을 위해 노력하거나 희생을 감수했을 경우 그 빚을 갚았다고 해서 금방 잊히는 것은 아니다. 사귐의 핵심은 언제나 줄 수 있는 것이 있다는 점이 있다. 아무 얻을 것이 없는 곳에서는 사귐의 영속성이 인정되지 않는다. 호혜의 정신이야 말로 사귐을 오래 이끌어가게 하는 원동력이다.

현실주의가 당연시되는 오늘날, 이득만을 취하고 손해는 거부하며, 더구나 상대방에 대한 보답을 망각하고 있는 사람이 많다. 그러나 이러한 사람들은 오랫동안 사귐을 지속해갈 수 없다. 더구나 상대방에 대한 보답을 망각하고 있는 사람이 많다. 그러나 이러한 사람들은 오랫동안 사귐을 지속해갈 수 없다.

사귐의 범위를 넓히고, 그것을 영속시키기 위해서는 자신의 친구를 위해서 가능한 한 전력을 다해준다는 마음자세가 필요하다. 그것도 약간 쓸데없는 참견으로까지 보일 만큼 적극적으로 도와줘야 한다. 그러나 이때 유념할 것은 절대로 공치사를 하지 말아야 한다는 것이다.

이득이란 반드시 금적인 것만은 아니다. 여러 가지 편의나 협력까지도 포함된다. 다소의 비용이 소요되는 것을 아까워하지 않고, 친구에게 최선을 다한다는 자세가 필요하다.

사귐은 연쇄적인 상호관계

다른 사람의 비판이나 자신에 관계된 화제에는 누구나 신경이 쓰인다. 여러 사람이 모여 있는 곳에서 자신의 이름이 나오면 귀를 기울이는 것은 당연하다.

그러나 대화의 분위기가 항상 자기 마음대로 되는 것은 아니다. 자기가 이끈 화제에 여러 사람이 토론하는 경우가 있는가 하면, 경우에 따라서는 완전히 다른 문제 즉 그때그때의 큰 사건 등이 모두의 관심사가 되는 때도 있다. 이럴 때 당돌하게 자기중심의 화제를 꺼내게 되면 친구들에게 이기주의자라는 느낌을 줄 수가 있다.

친구들끼리 모여 서로 환담을 나누며 기분 좋게 술을 마시는 것이 목적인 술자리라면, 의논이라든가 뭔가 무거운 화제가 끼어들게 되면 흥이나 분위기가 갑자기 깨어져버릴 수가 있다. 어색히게 헤어져 상당히 오랫동안 찜찜할 수도 있다.

서로 사귄다는 그 자체로 이미 이점은 존재하는 것이다. 그렇지만 이점만 추구해서는 진정한 사귐이 성립될 수 없다. 원만하고, 가치 있고, 실리를 동반하는 교제를 하기 위해서는 자기 일에 구애되어서는 결코 안 된다.

인간관계는 직장생활의 변수

어렸을 때는 가정 안에서 양친, 조부모, 형제와의 관계에서 유치원, 초등학교, 중고등학교, 대학교 등을 거칠 때마다 선생님, 선배, 후배, 친구 등 기하급수적으로 관계가 증가한다.

　이러한 인간관계 속에 우리는 남들이 내 생각대로 되지 않는다는 것, 타인과 관계하는 것은 귀찮은 일이기도 하고 인정, 예의, 배려, 인내라는 번거로움도 필요로 한다는 것을 깨닫게 된다. 선의가 헛되이 되거나 호의가 오해를 받거나, 묘한 평판을 듣거나 무시당하기도 한다. 직장생활 속에서 인간관계의 번거로움에 지치거나 정나미가 떨어져 입사한 지 얼마 지나지 않아 그만두는 사람들도 있다. 그러나 회사를 그만두고 다른 회사에 다시 취직한다고 해서 과연 그곳이 전의 직장에 비해서 더 나으리라는 법이 없다. 그곳에서도 역시 귀찮고 번거로운 인간관계가 밀어닥치게 된다. 경우에 따라서 중도 채용이라는 핸디캡이 종래와는 다른 중압감을 낳게 될 수도 있다. 인간관계는 성장과 힘께 사회니 회사에 참가하는 것에 비례해서, 그 양(인간관계가 많은 것)과 질(인간관계의 미묘함)은 증가해 간다. 귀찮고 어려운 인간관계 속에서 고민하면서도 어떻게든 인간과 인간 사이에 적응해 가지 않으면 안 된다.

원만한 대인관계를 위한 15계명
——

1. 실력을 갖춰라.

　주위를 돌아보라. 내가 하고 있는 일에 대해 과연 나는 전문가라고 말할 수 있을 만큼 잘 알고 있는가? 아니면 풍부한 교양을 쌓고 있는가? 만일 당신이 누구와도 대체 가능한 하나의 부품처럼 쓰이고 있다면 문제가 있다.

직장에서의 평가는 첫째가 실력이고 다음이 인간성이다. 그렇다고 해서 인간성이 아무 쓸모가 없다는 얘기는 아니다. 실력 없는 인간성이 직장에서 환영받지 못하듯 인간성 없는 실력 역시 조직 생활에서 빛을 보지 못한다. 다음은 당신이 체크해 봐야 할 실력 10가지이다.

1) 어학 실력은 어느 정도인가?

2) 컴퓨터에 대해 얼마나 알고 있나?

3) 내가 속한 업계에 대한 지식은 어느 정도인가?

4) 세계 경제, 경영에 대한 지식은 어느 정도인가?

5) 경영분석에 대한 지식이 있는가?

6) 경제신문 기사를 어느 정도 이해하고 있는가?

7) 기획 능력은 어느 정도인가?

8) 마케팅에 대해 얼마나 알고 있나?

9) 회사의 재무 구조를 얼마나 알고 있나?

10) 조직관리에 대한 식견이 있는가?

2. 자기만의 매력을 갖춰라.

과연 사람을 이끄는 요소는 무엇일까? 카네기는 그의 저서 「사람을 움직인다」에서 남에게 좋은 인상을 주는 방법을 다음 6가지로 요약했다.

1) 따뜻하고 성실한 관심을 쏟는다.

2) 이름을 기억한다.

3) 진심으로 칭찬한다.

4) 웃는 얼굴을 잊지 않는다.

5) 상대의 이야기를 잘 듣는다.

6) 상대의 관심 소재를 파악한다.

3. 정보 제공을 축소하지 말라.

정보의 묘미는 주고받는 것이다. 따라서 남에게 정보를 얻으려면 스스로가 많은 정보를 갖고 있어야만 한다. 정보를 제공받은 측은 분명 당신에게 감사를 느끼며 당신을 자기의 인맥에 편입시킬 것이다. 성급하게 대가를 추구한다면 좋은 인맥을 만날 수가 없다. 다음은 정보를 많이 수집하는 방법 10가지를 소개한다.

1) 다양한 사람을 만난다.

2) 업종별 연구 모임이나 세미나에 적극적으로 참가한다.

3) 일간지와 정보지를 꼼꼼하게 읽는다.

4) 도서관 활용을 습관화한다.

5) 필요한 정보는 스크랩한다.

6) 정기적으로 체크해서 쓸모없는 정보는 폐기한다.

7) 관련 분야의 해외 신문이나 잡지를 구독한다.

8) 인터넷을 활용 한다.

9) 정기적으로 서점에 들러 신간을 살펴본다.

10) 필요한 책은 빌리기보다는 구입한다.

4. 기초교양을 충분하게 쌓아라.

어떤 사람과 대화를 즐기기 위해서는 비즈니스나 경제 이상으로 문화에 관한 조예가 깊어야 한다. 특히 젊은 시절에는 갖가지 문화에 접해 자기의 안테나를 연마하는 작업에도 힘을 쏟아야 한다. 잠깐 대화를 나누더라도 남에게 무언가 유익한 이야기를 남길 수 있도록 교양을 쌓는 비즈니스맨이 되도록 해야 한다.

5. 자연스럽게 거절하는 방법 9계명

인맥이 생기면 여러 부류의 사람들로부터 다양한 일을 부탁받게 된다. 이때 자기가 역부족이라고 느끼면 가능한 한 빨리 손을 빼는 용기가 중요하다. 자기로서는 해결할 수 없을 만큼 문제가 클 때는 솔직히 말하는 것이 좋다. 하지만 보증인이나 금전차용 등의 일일 때는 완곡하게 말하며 거절하는 것이 좋다. 다음은 거절할 때 유의해야 할 태도를 나열했다.

1) 거절할 때는 가능한 빨리 알린다.
2) 거절하는 이유를 확실히 말한다.
3) 쓸데없는 변명이나 속 보이는 거짓말을 하지 않는다.
4) 상대방의 자존심이 상하지 않도록 유의한다.
5) 다른 사람을 통해 거절하는 것은 금물.
6) 여러 사람 앞에서는 거절을 삼간다.
7) 자기 대신 다른 사람을 소개할 때는 그에게 부담이 되지 않도록 한다.

8) 거절한 뒤 그 사실을 남에게 소문내지 않는다.

9) 거절한 뒤에는 다른 일로 도울 수 있는 기회를 찾는다.

6. 깊이가 없는 사람과의 교제는 금물.

어떤 사람의 교제를 피하는 것이 좋고 어떤 사람과 교제하는 것이 나쁘다는 것을 설명 할 수는 없다. 이것은 경험으로 인물을 구별할 줄 알아야 한다. 다음은 사람을 판단할 수 있는 10가지 기준이다.

1) 시간을 잘 지키는가?

2) 여러 번 약속을 어기지는 않았는가?

3) 금전 관계는 확실한가?

4) 거짓말을 하지 않는가?

5) 주위의 평판은 어떠한가?

6) 동료를 자주 모함하지는 않는가?

7) 대하는 사람에 따라 말이 달라지지 않는가?

8) 가정생활은 원만한가?

9) 질문에 명확한 태도를 보이는가?

10) 맡은 업무를 책임 있게 처리하는가?

7. 인간관계에서 균형 있는 Give & Take.

인간관계는 주고받음의 연속인데, 특히 비즈니스맨의 관계는 균형을 맞추면서 주고받는 것이 관계를 유지하는 중요한 비법이다. 한쪽이 일반적으로 요구하는 인간관계는 결코 오래 가지 못한다. 가령 처음 만나는 사람들 사이에서 먼저 '준' 사람은 부담 없이 그 후의 인간관계를 꾸려갈 수 있을 것이다. 하지만 반대로 '받은' 사람의 경우는 '빚을 갚아야 한다'는 부담을 가진다.

8. 회사비밀을 유포하지 말라.

자신의 회사정보를 발설해서는 안 된다는 것은 당연하다. 이것은 동업종 타사 사람들과의 교제나 업종 간 교류에서 특히 강하게 요구되고 있다. 이에 따라 회사비밀엄수를 위한 7가지 주의사항을 소개하겠다.

1) 음식점, 전철, 술집에서 회사 일을 크게 떠벌리지 않는다.

2) 모임 등에서 누가 회사에 대해 물으면 신중하게 대답한다.

3) 중요 서류를 쓸데없이 사외로 가지고 나가지 않는다.

4) 대외비에 속하는 자료들을 책상 위에 늘어놓지 않는다.

5) 이유 없는 초대에 응하거나 서물을 받지 않는다.

6) 회사에 출입하는 거래처 사람이라도 함부로 회사 사정을 이야기 하지 않는다.

7) 남과 이야기할 때 회사 동료나 상사의 이름을 구체적으로 말하지 않는다.

9. 의식적으로 상대의 장점을 파악하라.

싫은 사람이 주위에 있을 때는 우선 그 사람에 대한 당신의 느낌과 다른 사람의 평판을 비교해 보라. 그리고 의식적으로 그 사람에게서 장점을 찾아 배우려고 노력하라. 누구에게나 한두 가지의 장점은 있기 마련이니까.

10. 만남을 즐기는 사람이 되어라.

비즈니스 관계로 사람을 만나든 개인적으로 일로 만나든 간에 중요한 것은 만남을 즐겁게 생각하는 것이다. 친한 사이라도 접촉이 뜸하면 거리가 생길 수 있다. '멀리 있는 친척보다 가까이 있는 이웃' '안 보면 멀어 진다' 는 말들은 모두 접촉이라는 물리적 중요성을 강조한 것이다. 악수를 했을 때의 감촉, 평소의 대화, 그리고 만남에서의 표정은 사람과 사람의 연계를 더욱 깊게 해준다.

11. 상대를 만나기 전 준비하는 습관이 필요.

사람을 만나기 전 반드시 준비가 필요하다. 상대방이 어떤 사람인지, 그의 관심사는 무엇인지, 어떤 말에 흥미가 있는지 그리고 내가 상대방을 위해 할 수 있는 일이 무엇인지를 미리 확인해두면 단 한 번의 만남이라도 의미가 크다. 이에 따라 만나기 전에 알아두어야 할 것이 있다.

1) 사람 수 : 몇 사람이 모일 것인가를 미리 알아둔다.

2) 연령층 : 연령층에 따라 이해력, 인생관, 체험이 다르므로 충분히 조사해 둔다.

3) 성별 : 남성인가 여성인가 혼합인가에 따라 말투나 대화의 내용이 달라지므로 조사해 둔다.

4) 직업 : 직업에 따라 관심사나 화제의 내용이 달라진다.

5) 학력 및 약력 : 학력과 약력을 미리 알아두면 만나서 굳이 묻지 않아도 되므로 대화가 훨씬 부드럽다.

6) 취미와 관심사 : 대화의 소재를 준비할 수 있다.

12. 조직의 핵심인물을 확인하는 방법.

만약 어떤 조직의 핵심 인물인가를 알고 싶다면 가벼운 부탁을 해보면 알 수 있다. 핵심 인물이라면 즉석에서 어떤 해결 방법을 제시할 것이다. 자기의 재량권 아래 있는 문제라면 스스로 해결하고, 재량을 넘는 범위의 것이라면 다른 해결 능력을 갖춘 사람을 소개해줄 것이다. 이 핵심 인물만 파악하면 여타의 비즈니스도 원활하게 풀 수가 있다.

13. 나이에 상관없이 항상 새로운 것에 흥미를 느껴라.

나이가 들어서 SF소설에 흥미를 갖는 사람도 있고 새로운 컴퓨터 게임에 심취하는 사람들도 있다. 이런 사람은 나이와 관계없이 삶을 무척 젊게 살고 있다. 새로 나온 음식을 먹어보고 새로운 기계를 만져보고 새로운 음악을 들어보라. 새로 나온 영화, 소설을 보고 젊은 이들의 사고방식을 알아보려고 노력해보라. 가능하다면 가보지 않는 곳으로 여행을 떠나보라. 거기에는 무수한 흥미 거리와 미래를 예측할 수 있는 메시지가 담겨 있을 것이다.

14. 자리에 없는 상대를 평가하지 말라.

친구나 동료와의 대화 중에 자리에 없는 사람의 인물평을 부정적으로 한다고 가정해보자. 이야기를 듣는 상대가 당신의 인물평에 동조하지 않는다면 말할 것도 없다. 그와 관계없이 당신과 듣는 이의 인간관계는 균열이 생길 가능성이 있다. 사람들이란 항상 남에 대해 어떤 평가를 하며 생활하기 마련이다. 마음속의 평가와 입 밖의 평

가는 다른 것이다.

15. 정확한 일처리는 비즈니스맨의 기본원칙.

비즈니스맨 가운데 사람은 좋은데, 일처리가 흐릿하다는 소리를 듣는 사람이 있다. 이런 평판은 비즈니스맨에게는 인간성이 나쁘다는 평판만큼이나 치명적이다.

직장에서 상대방을 싫어하는 10가지 타입

1. 인사를 잘 하지 않는다.
2. 자기 이익만을 위해 남의 성장을 가로막는다.
3. 동료들과 협력하지 않는다.
4. 파벌을 만든다.
5. 남의 험담이나 소문만 이야기한다.
6. 감정적으로 일을 처리한다.
7. 실수를 인정하지 않고 변명을 늘어놓는다.
8. 자기만 열심히 일하는 것처럼 행동한다.
9. 다른 사람의 의견이나 행동을 무시하거나 공격한다.
10. 약한 사람에게 강하고 강한 사람에게 약하다.

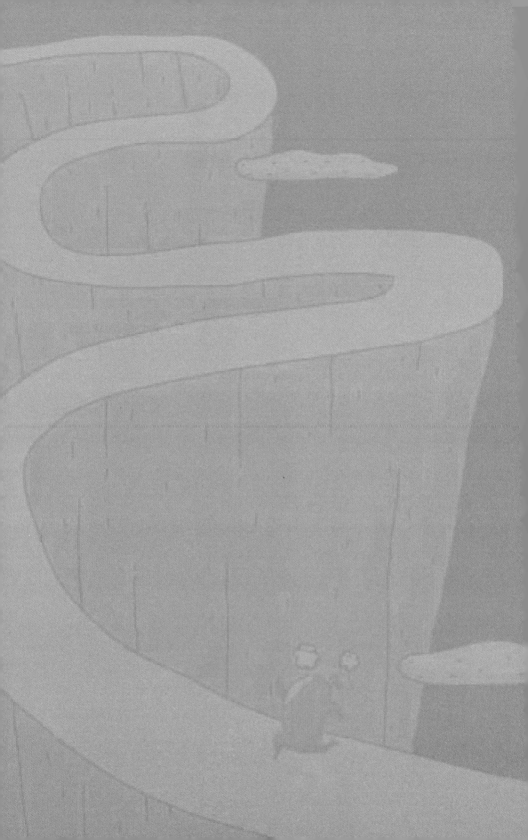

12장

직장에서
존경받는
방법

자신의 요구가 합당했다면 뒤늦게 사과
하지 말라.

자신감과 적극성으로 승부한다

어려서부터 남을 인정해 주느라고 자기 자존심을 희생해온 사람들이 많다. 그런 사람들은 단지 남에게 안 된다고 거절할 줄을 모르기 때문에 그로 인한 괴로움을 겪는다. 어쩌면 당신도 부하 직원에게 지시를 내릴 때마다 주저할지 모른다. 딱잘라 거절하기를 어려워하고 망설일 수도 있다.

원만한 인간관계는 진심에서 우러나오는 존경심과 수월한 의사소통 그리고 타인에 대한 다정한 태도로 이루어진다. 그러나 슬프게도 현실은 그렇지 않다. 어떤 사람들은 끊임없이 남을 몰아붙여 따지고 요구하고 떠보다가 급기야는 반발을 사게 만든다. 그런가 하면 그러한 시련에 대항하지 못하고 언제나 피해만 보다가 결국은 자신을 합리화시키는 사람들도 있다. 그러나 성격은 바꿀 수 있다. 인격을 보호하면서 아울러 남에게 존경심을 불러일으키는 방향으로 감정과 원하는 바를 적극적으로 추진함으로 충분히 변할 수 있다.

그 첫 단계는 소극적인 사람들에게 흔히 볼 수 있는 좋지 않은 점으로 잘못된 의사전달 습관을 인정하고 바로잡는 일이다.

의사전달 습관을 체크한다
───

우선 자신의 의사전달 습관에서 다음의 4가지를 체크한다.

1. 상대가 저지른 잘못을 합리화시키지 말라.

"요즘 왜 계속 지각인가? 하긴 자네 같이 술에 빠져 사는 사람이 일찍 일어나서 출근하기는 좀 어려울 거야."

상대방의 잘못을 인정하는 듯한 이런 말은 그 사람이 지금까지 해온 일에 문제가 없다는 뜻으로 받아들여질 수도 있고 그 후에도 그는 나쁜 습관을 고치지 않는다. 게다가 그렇게 구실을 주고 나면, 맺고 끊는 것도 못하는 불확실한 사람으로 인식이 나거나 끝까지 밀고 나가지도 못하는 우유부단한 사람으로 보일 우려가 있다.

2. 자신의 요구가 합당했다면 뒤늦게 사과하지 말라.

아버지가 아이에게 방을 청소하라고 시키고 나서 "아까는 그런 식으로 말해서 미안하구나. 말 안 해도 필요하면 네가 다 알아서 청소를 했을 텐데 너무 심했다." 이렇게 사후에 사과를 하는 것은 대개 죄책감과 두려움이 쌓인 탓이다. 단호한 발언을 이런 식으로 취소하면 존경심을 잃게 될 뿐만 아니라 우습게 보여 업무 지장까지 초래한다.

3. "만약"이나 "하지만"이란 말은 금물이다.

"그 보고서는 이번 토요일 아침까지는 내 책상 위에 두어야 하네. 하지만 다음 주에 거래처에 갈지도 모르니 며칠 여유가 있을지도 모르겠군. 그리고 만약 일이 잘되면 그때 가서는 아예 필요 없을 지도 몰라."

만약이나 하지만 같은 종류의 말은 사용하지 않는다. 이때는 보고서를 완성시켜야 한다는 단호함을 분명하게 표시하면서 딱 부러지게 말한다. 의사가 잘못 전달되는 것을 피할 수 있고 보고서를 제때에 받아볼 수 있어 업무 착오는 피할 수 있을 것이다.

4. 자신의 위치는 스스로 만들어라.

"사장님 말씀이 자네가 해야만⋯⋯" 이라든가 "네 엄마가 그러는데⋯⋯" 하는 따위의 말을 사용하는 사람들을 보면 대부분 줏대 없는 사람이다. 이러한 말을 함으로써 책임은 면할 수 있을지 모르지만 자신은 아무런 힘도 없는 심부름꾼의 위치로 전락된다. 그런 말로 의사를 전달하기 보다는 "자네가⋯⋯해주기 바라네" 혹은 "네가⋯⋯해주면 좋겠다"는 식으로 말한다면 훨씬 강한 사람으로 인식

될 것이다.

의사전달 습관을 고치는 방법

자신의 의사전달 습관에 문제점을 발견했다면 적극적인 자세로 빠른 시간 내에 고치도록 노력한다. 다음에 제시된 사항을 염두에 둔다면 나날이 발전됨을 느낄 것이다.

1. 터놓고 솔직하게 말한다.

부하에게 자신이 무엇을 기대하고 있는가를 분명히 밝혀야 한다. 소극적인 간부 중에는 너무 강력하고 정확하게 말하면 상대가 기분 나쁘게 받아들일 것이 걱정되어 돌려서 말하는 경우가 있는데 자신이 원하는 바를 직접 말하지 않아도 상대방이 능히 알 수 있겠거니 하고 지레짐작하기 때문이다. 이런 태도는 불필요한 오해를 초래하여 시간 낭비만 일으킨다.

2. 충분히 생각한다.

문제가 생겼을 때는 문제에 대해 말하기 전에 그 문제가 생기게 된 원인, 이유, 해결방안을 충분히 생각하여 움직인다. 이렇게 사전에 충분히 준비하면 자신의 의사를 사리에 맞게 합리적으로 개진할 수 있는 능력이 향상될 것이다.

3. 문제가 생기면 즉시 대처한다.

곤란한 문제가 생겼다고 문제를 회피하면 문제는 시간이 지나면서 점점 심각해져 돌이키기 어려운 상황에 빠지기 쉽다.

사소한 문제라도 일찌감치 대응하면서 자신이 기대하는 바를 암시하도록 하자. 그러면 그 문제를 어떻게 생각하고 있는가를 상대방은 알아차리게 될 것이다.

4. 자신의 문제는 신중히 선별하여 다룬다.

완벽한 태도가 지나쳐 오히려 이것저것 사소한 것까지 문제 삼는 경우가 많다. 문제를 선별해서 다루면, 통제력이 강화되고 긍정적인 결과를 낳을 가능성은 높아진다.

5. 분노와 단호한 태도를 구별한다.

화가 머리끝까지 치밀어 오른 다음에 단호한 태도를 보인다는 것은 일종의 도피 행위다. 자신의 입장을 차분하게 주장할 수 없다면, 필시 자신도 모르는 사이에 지나치게 공적인 반응이 드러나게 된다. 뿐만 아니라 자신이 화를 내면 상대방은 방어 자세를 취하게 되고 문제의 해결은 점점 어려워진다. 따라서 당신의 말에 상대방이 지나치게 감정적인 반응을 보이더라도 거기에 자극받아 흥분하지 않도록 자제해야 한다.

당신이 흥분하지 않으면, 상대방이 보이는 행동의 미숙함은 대조적으로 부각된다. 그리고 당신의 침착한 태도는 오히려 상대방을 위압하는 이중적 효과를 가져다준다.

6. 홈그라운드의 이점을 최대한 이용한다.

운동선수들은 홈그라운드에서 경기를 할 경우 다른 곳에서 하는 것보다 이길 확률은 더 높은 것으로 경기 결과 드러났다.

단호한 태도를 취해야 하는 경우에도 마찬가지의 상황을 연출하면 된다. 동료와의 사소한 다툼이나 문제를 사무실이나 그의 집에서 해결하기는 어렵다. 홈그라운드에서 기회가 닿는 대로 당신의 입장을 밝히고 상대방이 수긍할 정도로 이해시킨다면 겉으로는 분명하게 잘잘못을 구분하지 않더라도 반드시 유리한 위치에서 대화를 리드해 가게 된다.

7. 직접적인 의사 전달 이외에 간접적인 방법도 사용해 본다.

말하는 동안 상대방의 눈을 응시한다. 자신의 주장을 되풀이만 하지 말고 저당히 침묵을 이용한다면 이사는 훨씬 효과저으로 전달될 수 있다. 강조하기 위해 이용한 적절한(그러나 공격적이 아닌) 제스처는 상대방에게 뚜렷한 인상을 남긴다.

8. 쓸데없는 엄포를 놓지 말아야 한다.

허세는 어린 아이의 장난과도 같다. 신뢰성을 얻기 위해서는 무리 없는 기대 수준을 상대방에게 밝혀야 하고, 기대가 충족되지 않을 경우에 발생할 결과는 미리 말해 준다. 그런 다음 끝까지 밀고 간다.

한번 말하면 틀림없이 그대로 행동에 옮긴다는 것을 다른 사람들이 인식한다면 비로소 당신은 존경을 받게 된다.

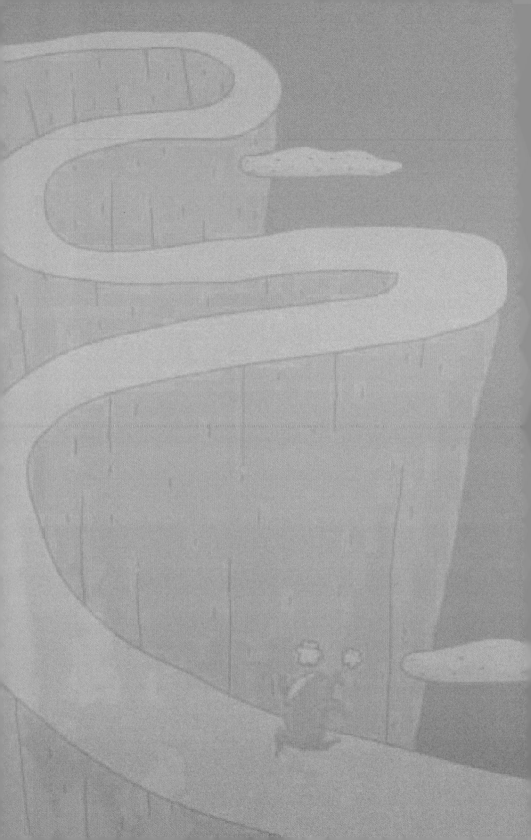

13장

직장에서
사람을 움직이는
방법

인간관계는 쉽게 말하면 사람들과 어떻
게 잘 어울릴 수 있는 가란 뜻이다.

사람을 어떻게 다루어야 하는가
—

독점판매권을 가진 식품점을 개업하려는 사람이 있었다. 그는 이미 그런 가게를 가지고 있는 친구와 사업에 관하여 이야기하기를 원했다. 이제부터 사업을 시작하려는 친구는 지금까지 모은 돈을 그 비즈니스에 투자하기 위해 도움이 될 수 있을만한 충고를 듣고 싶어 했다.

"이 장사에서 성공할 비결은 무엇인가. 가르쳐 줄 수 있겠나?"
"별로 비결이랄 건 없네."
가게를 갖고 있는 사나이는 말했다.

"그러나 자네 가게는 아주 번창하고 있지 않은가."

"말이야 간단하지만 실은 생각처럼 쉬운 일은 아닐세."

"그게 무슨 뜻인가."

"한 마디로 '사람을 어떻게 잘 다루느냐.' 라고나 할까. 인간관계를 잘하는 것 외에는 방법이 없다고 생각하네."

이상의 대화에서 보는 것처럼 잘 되고 못 되는 것이 큰 차이가 있어서 결정되는 것은 아니다. 독립해서 개업을 하거나 회사에 고용되어 일을 하거나 결국은 마찬가지다. 어떤 직업이라 하더라도 항상 문제로 남는 것은 인간 사이의 관계이다. 남에게 고용되는 사람, 남과 공동으로 일하는 사람, 사람을 고용하는 사람 등 가지각색이지만 항상 얽히는 것은 사람의 문제이다.

우리들은 이것은 인간관계라고 말한다. 쉽게 말하면 사람들과 어떻게 질 어울릴 수 있는 가린 뜻이다. 예로 든 식품점 경영에서도 이 문제가 대부분을 차지하고 있다. 미국 경영 협회에서 발간한 자료에 의하면 경영이란 사람을 통하여 일을 달성하는 것이다.

이해시키려면 상대를 먼저 이해하라

좋은 인간관계를 유지하려면 함께 일하는 사람들을 이해하고 있어야 한다. 이것은 매우 어려운 일이다. 어쨌든 똑같은 인간이란 전혀 없는 법이니까. 아무리 다르다 해도 욕구, 욕망, 특징 등의 사람 사이에 기본적으로 적으로 존재하는 공통점은 발견할 수 있다. 사람은 무엇에 반응하는가, 사람 사이에 존재하는 미묘한 요인을 이해하는 것은 지도력을 발휘하기 전에 기본적으로 익혀두어야 할 사항이다. 이것을 체득하면 사람을 움직이는 요령을 체득하게 된다.

인간은 기본적으로 다음과 같은 네 가지 공통분모를 가지고 있다고 한다.

1) 다른 사람과 함께 있고 싶어 하며 또 소속집단에 수용되기를 바란다.

2) 대부분 변화가 생기면 적응하지 못하고 저항하기 마련이다. 하지만 습관은 손쉽게 형성된다. 새로운 일을 시작할 때 남보다 빠르게 익숙해지는 사람이 있다. 따라서 사람이 습관을 변화시키려 할 때 한꺼번에 전환시키지 말고 서서히 움직이는 편이 좋다. 물론 거기에는 꾸준한 인내가 필요함은 두말한 나위가 없다.

3) 누구든지 자기 자신은 중요한 존재라고 생각한다. 이것은 인간의 강렬한 소원이기도 하다. 여기에 덧붙여 두고 싶은 말은 매사에 상대편 입장에서 생각해야 된다는 것이다.

4) 누구나 안전과 마음의 평안을 원한다. 따라서 일하는 당사자에게 일하는 솜씨가 훌륭하다며 자신감을 북돋워준다.

개인에 대한 차별성을 알아둔다

사람 사이에 차이가 발생한다 해도 그것은 사소한 차이일 뿐이다. 그러나 이 작은 차이가 세상에서 가장 큰 차이로 부각될 수도 있다.

사람 사이의 차이는 사고력, 감수성, 행동 세 가지 면에서 구분되어진다고 한다. 그렇다면 차이가 발생하는 원인은 어디에 있을까. 남을 이해하기 원한다면 이 점에 대하여 고려해 보자.

사람의 사고방식은 그 사람의 지능, 교육, 논리적 사고 능력에 의하여 차이를 발생한다. 사람의 감정은 공격성, 상벌에 대한 반응, 노여움의 폭발점에 따라 규제를 받고 사고방식, 체력, 인내성, 협조성에 의하여 행동이 좌우된다.

이상에서 살펴본 바로 당신은 남과 어떤 점에서 다른가를 연구하고, 이해해 두는 것이 좋다. 그 사람이 어떤 인물인가 분석하는 힘, 바꿔 말하면 사람을 보는 눈을 길러두는 것은 남과 함께 일하고 또는 남을 부리기 위한 귀중한 재산이 될 것이다.

적극적인 자세로 일하는 의욕을 가진다

이상으로 인간의 공통분모가 무엇인가를 이해했을 것이다. 이번에는 사람에게 일하려는 의욕을 환기시키기 위한 몇 가지 요소에 대해 조사해 보자. 어떤 사람은 이중 한 가지에만 몹시 강한 영향을 받을지 모르고 사람을 움직이려면 더 많은 요소를 생각해야 할지도 모른다. 그 요소란 무엇인가.

1) 사람은 자신의 노력에 대한 공정한 댓가를 원한다. 무엇보다 고려해 두어야 할 점은 그가 솔직하게 받아들이고 있는지 조사해 보는 일이다. 자기가 한 일에 대해 대가로 무엇을 원하느냐고

물었을 때 보수라고 응답한 사람이 월등히 많았던 것을 보아도 알 수 있다.

2) 누구든 가족이나 동료, 사회의 구성원으로서 중요한 존재로 인식되기를 원하고 있다. 이 점을 만족시키기 위해서는 칭찬을 하든가, 그에게 조언을 구하든가, 그 사람의 일에 관심을 표시하든가, 또는 사람에 따라서 사생활에 관해 대화를 나누는 방법을 취해본다.

3) 상대방에게 기대하는 것이 무엇인가를 명확히 말한다. 도대체 무엇을 원하고 있는가를 자각하고 있는 사람은 의외로 적다. 그리고 이러한 사실에 놀라지 않을 수 없다. 각자가 원하는 일이 무엇이며 그 내용을 구체적으로 적어서 제출하는 것이 좋은 방법이기도 하다. 경우에 따라서는 1대 1로 대화를 하고 조금씩 일의 내용을 읽혀 주는 것도 좋다.

4) 조직 속에서 승진하고 성장할 기회를 준다. 이 회사에서는 더 이상 성장할 수 없다는 생각이 들면 누가 전력을 다하고 일하며 회사에 충성을 바치려 하겠는가.

5) 잘하고 있는지 못하고 있는지 본인에게 일의 성과를 알려라. 미리 그 사람에게 일의 목표를 일러주고 자네가 한 일의 성과는 이 정도라고 알려준다. 필요에 따라서 여러 가지 자료를 원조해 주는 것도 필요하다. 누구나 모두에게 일을 안정 받으며 일원임을 확인받고 싶어 한다는 것을 알아야 한다.

6) 상황이 변하여 상사나 경영자가 어떤 태도를 취할지 예측 할 수

있다면 일에 대한 만족도는 매우 커지게 된다. 리더가 변덕쟁이고 감정적이고 계획이나 방침을 이리 저리 바꾼다면 부하들은 균형을 잃고 혼란을 느낀다.

7) 회사에 근무하는 사람이 회사의 상황이 밝으면 더욱더 열심히 노력하는 법이다. 커뮤니케이션의 중요성 및 기술에 대해서는 이미 앞에서 말했다. 가장 해도 좋은 방법은 지금 회사에서 무슨 일이 일어나고 있는가 뿐만 아니라 왜 그렇게 되었는가에 대해서도 사원들에게 상황을 알리는 것이다. 사원이 협력을 얻으려 할 때 꼭 이 방법을 권하고 싶다. 또 커뮤니케이션은 일방통행이 아니라는 것도 알아두어야 한다. 부하 직원에게서 의견이나 아이디어가 올라올 때가 많다. 때문에 상사는 직원들의 의견을 신중하게 잘 들어주는 사람이어야 한다. 부하의 의견을 듣고 정확한 평가를 내려야 히기 때문이다.

이와 같은 상호 커뮤니케이션의 통로를 열기 위해서는 고용원과의 관계가 항상 좋은 상태로 유지되지 않으면 안 된다. 고용원과의 대화는 기회가 있다면 적극적으로 이용하라. 부하가 휴가계를 가져오거나 업무 지시를 받으러 올 때를 기회로 삼으면 된다.

8) 권한과 책임을 다른 사람에게 위임하고 자신은 더 큰 기회를 생각한다. 의사결정은 가능한 아래 단계에서 이루어지도록 하라. 자유로워진 시간은 중요한 다른 업무에 할당한다.

위임을 할 때는 당신과 자주 연락을 취하도록 하고 일의 진척이나 문제점도 함께 보고하도록 지시를 내리는 것이 좋다.

9) 부하를 야단칠 때는 사람이 없는 곳에서 앞으로 두 번 다시 같은 잘못이 되풀이되지 않도록 주의를 준다. 우선 정보를 수집하고 당사자가 잘못한 점을 생각한다. 꾸짖기 전에 뭔가 예전에 잘했던 점을 찾아 칭찬해 주면 의외로 설득이 쉬워진다. 주의해야 할 것은 질책을 받아야할 당사자만 불러 야단을 치는 일이다.

어떤 회사의 사장은 사원 모두가 있는 앞에서 야단을 치는 고약한 버릇이 있었다. 당시 대학을 갓 나온 신출내기의 눈에 그 사람의 5배, 10배나 연륜이 쌓인 중견들이 모든 사람 앞에서 머리를 조아리는 것이 보였다. 좋은 아이디어가 떠오른다 해도 그것을 의견으로 제출하고 실행하는 데는 상당한 용기와 행동력이 필요할 것 같았다. 이 회사에는 그런 연유에서인지 퇴직자가 굉장히 많았다.

10) 사람을 칭찬하고 신용하는 것이 필요하다. 부하가 일을 잘하고 있을 때는 칭찬과 표창을 아끼지 마라. 의욕을 북돋우어 줄 수 있고 자신가을 갖게 할 수도 있다. 꾸짖을 때는 사람이 없는 곳에서, 칭찬할때는 사람이 많은 앞에서, 이것이 요령이다. 보답은 두 배가 되어 보답이 돌아올 것이다. 부하는 인정받은 것을 기뻐하고 당신은 썩 괜찮은 조직을 만들었다는 보증을 받는 셈이 된다.

11) 부하는 부리는 것이 아니라 함께 일하는 사람이다. 지배만으로

는 효과를 거두기 어렵다. 그저 예스맨을 기를 뿐이다.

12) 지시나 요망으로 충분히 될 수 있는 경우는 명령이란 형식을
취하지 말라. 사람이란 남의 명령이 아닌 자기 자신의 명령으
로 움직일 때 몇 배의 효과를 올릴 수 있다. 그리고 왜 이 일을
자기가 맡게 되었는가를 알게 되면 열심히 일하게 된다.

13) 기획 단계부터 부하를 참가시켜라. 처음부터 기획에 참가하면
지금 진행 중인 일은 우리가 기획한 것이다. 잘해 보자는 의욕
이 저절로 솟게 된다. 또 한 가지 이점은 현장에서 여러 가지
아이디어가 속출되어 계획 수행에 매우 큰 힘이 되어 준다는
것이다. 잊어서 안 될 것은 계획이 어떻게 진행되고 있는가 알
리는 기회를 만드는 일이다. 일의 진행 상황을 알면 모두가 힘
이 되어줄 것이다.

14) 구체적인 사례를 명시하여 부하에게 기대히는 것이 무엇인지
주지시킨다. 약속 시간에 늦지 않는다든가, 점심시간이 끝마
치면 곧 일을 시작한다든가, 해야 할 일이 있는데도 골프 치러
가는 일이 없어야 한다든가 하는 식으로 직접 솔선수범하여 부
하에게 모범을 보인다.

15) 부하에게 조언을 구하고 그들을 믿고 있다는 태도를 보여 준
다. 각자의 자존심을 충족시키고 더욱더 열심히 일하도록 유도
할 수 있다. 부하가 어떤 아이디어를 냈을 때 아무리 시시한 것
이라도 끝까지 들어줄 것. 그들이 아이디어를 만들었을 때 제
출받는 것이 목적이지 그들의 아이디어로 사업을 성공시키는

것이 목적은 아니다. 혹시 다음에 나오는 아이디어가 100만 불의 아이디어가 될지는 아무도 모르기 때문이다. 아이디어는 무겁고 딱딱한 환경에서 아무리 좋은 생각이 떠올라도 아무도 그것을 제안하려 하지 않을 것이다. 많은 아이디어가 나오기를 원한다면 왜 채택되고 또 지각 되었는가 이유를 명확히 알려주어야 한다. 이것은 부하의 사기와 의욕을 높일 수 있기 때문이다. 아이디어가 채택되면 제출자에게 그가 직접 수행할 것을 부탁하라. 그는 개인적인 책임을 느껴 아이디어를 발전시키고 실현하기 위해 매진할 것이다. 경영자는 부하가 혼자 해낸 것처럼 공을 돌리는 일에 인색하지 않아야 한다. 이 방법은 틀림없이 성공할 것이다.

16) 말하고 싶은 것이 있거나 발표를 해야 할 때 신중히 고려하는 습관을 기른다. 어휘의 선택을 잘못하거나 싱글거리거나 찌푸린 얼굴을 하거나 하품하거나 부주의하게 어깨를 움츠리거나 하면 부하는 의욕을 상실하고 일의 능률을 떨어뜨릴 수 있다. 단순히 표현의 잘못으로 유능한 부하가 당신 곁을 떠날 수 있다는 사실을 명심하라.

17) 개인적인 영향이 될 수 있다면 사전에 본인에게 알려준다. 사소한 배려를 통해 본인은 더욱더 팀의 일원이라는 자부심을 강하게 느낄 것이다. 변경이 있다면 이유를 분명하게 명시하라. 이런 과정은 의견이 분분한 문제가 생기더라도 협조가 가능해진다.

협력은 투자이다

이상은 부하의 협력과 조력을 얻기 위해 기본적으로 알아 두어야 할 조건이었다.

우리들은 부하를 관리하는 입장에 있지만 동료, 상사의 위치를 무시할 수는 없다. 그런 사람들과 어떻게 협조를 할 수 있는가는 잠시 뒤로 미루고 먼저 협력에 대해 생각해 보자.

좋은 성과를 남길 수 있느냐 없느냐는 다른 사람에게 협력을 얼마나 끌어낼 수 있는가에 달려 있다. 다른 사람의 우호와 협력을 얻는 능력은 성공을 위한 귀중한 도구이며 인내력, 이해력, 남과 잘 어울리는 능력, 이 세 가지만 있다면 당신의 성공은 보장된 것이나 마찬가지다.

타인의 협력을 얻는 기이드라인을 몇 가지 살펴보기로 한다. 우선 자극적으로 협력을 구해야 하고 도움이 필요한 사람에게 자진하여 도움을 주어야 한다. 회사에는 많은 사람들이 있다. 무엇이든 남의 손을 빌려고 하는 사람, 절대 남의 손을 빌려고 하지 않는 사람 등 여러 부류의 사람이 존재한다. 너무 고지식하게 자신의 수법을 고수하고 있기 때문에 다른 사람이 끼어 들어갈 여지가 없는 사람도 있을 것이다. 사람에 따라서 해야 하는 방법은 각각 다르다.

둘째로 사람과 일에 대한 취급은 충분히 생각할 후에 결정한다. 지금 어느 부문이 잘못 진행되고 있다. 혹은 누군가 실수를 범할 것 같다. 또는 긴장이 풀어지고 있다고 가정하자. 이럴 때 발끈해서 그 따위로 하면 되느냐고 비난할 수도 있겠지만 차분하게 다시 생각해 보자. 그들은 이미 자신이 가진 문제점에 대해 충분히 알고 있을 것이다. 일부러 그들의 약점을 폭로할 필요는 없다. 비난을 하면 반감만 살 뿐이다. 이쪽에서 뭔가 좋은 제안을 하더라도 역으로 쓸데없는 참견이라고 생각할 수도 있다. 이럴 땐 그들이 곤란한 상황에 놓여 있으며 힘들어 하고 있음을 잘 안다고 동조해 본다. 그리고 당신이 생각하고 있던 제안을 넌지시 권하며 여러분이라면 훌륭하게 난관을 돌파할 수 있을 것이라는 말을 첨가한다.

계획을 제출할 때 스케줄도 함께 만들어 착실히 지키도록 하자. 그리고 계획과 관계있는 사람의 사정을 염두에 두고 계획을 시작하는 것이 좋다. 도중에 계획이 예정대로 진행되지 못하는 상황을 사전에 체크하기 위해서이다. 회의를 소집하는 것도 방법이다. 그리고 만약 어떤 차질이 생겨 계획을 스케줄대로 완성하기 위해 추가 인원이 필요하다면 그것을 인정받을 수 있는지 상사에게 의논할 필요가 있다.

멤버 가운데 당신의 승진을 불쾌하게 여기는 사람도 있어 여러모로 방해될 경우를 예상해야 한다. 이것은 출세가도를 걷는 사람이 주의해야할 점이다. 자기와 이해관계가 있는 사람을 다룰 때 외교적 수완이 필요한 이유가 바로 이것이다.

반대 의견을 예상한다
———

회의가 있을 때 반대할 지도 모르는 의견이나 질문을 다른 각도에서 검토한 후 회의에 참석한다. 이런 질문을 받을 것 같다든가, 반대 의견이 있을 경우를 기억해 두었다가 어떻게 대답해야 하는가 곰곰이 생각해 둔다. 어떤 질문이 나올 수 있을지 예상할 수 있으면 회답을 미리 준비해 두자. 만약 당신에게 외교적 수완만 있으면 의견을 달리하는 사람을 당신 편에 끌어 들일 수 있을 것이다. 나이가 많은 선배 간부는 당신의 진실 여부나 열의를 시험해 보는 식의 심술궂은 질문을 던질 때도 있으니 당황해 하지 말고 조심스럽게 당신의 의견을 얘기한다. 아무래도 당신의 의견이 불충분하다고 생각되어도 낙심하거나 상처받을 필요는 없다. 지금은 눈물을 삼키고 물러서지만 아이디어를 관철시키고야 말겠다는 다짐만 충분하면 되기 때문이다.

까다로운 상사는 이렇게 대하라

정도의 차이는 있지만 사실 모든 상사들에게 문제가 있다고 해도 과언은 아니다. 문제있는 대부분의 상사는 젊었을 때 자기에게 맡겨진 일을 잘했기 때문에 경영자로 승진한 것이지 동료들과의 유대 관계나 다른 사람들에게 유리한 기회를 제공한 경험이 있기 때문에 경영자가 된 것은 아니다.

당신은 지금 고약한 상사 때문에 고생하고 있을지도 모른다. 그러나 당신이 세운 계획으로 인해 까다로운 상사와도 원만한 관계를 유지할 수 있다. 상사를 이해하면 당신의 직장 생활은 적응하기 쉬워

질 것이다.

　동료들과 위원회를 구성해서 상사에게 집단적으로 접근해 보는 것도 방법이다. 까다로운 상사는 자기의 문제를 잘 모르고 있는 경우가 많기 때문에 대개 기꺼이 잘못을 바로잡으려 한다.

　당신의 상사가 다음에 소개하는 어느 부류에 속한다면 상사에게 불평을 하기 전에 당신을 성찰해 보자.

　까다로운 상사와 대응하기 전에 우선 자신을 살펴보고 분석해 볼 필요가 있다. 당신의 상사가 아무리 까다로운 사람이더라도 갈등의 원인이 혹시 당신에게 있을 수도 있기 때문이다.

　당신과 상사를 모두 아는 사람에게 사정을 이야기해서 솔직한 조언을 들어 보라. 만약 당신이 문제점을 가지고 있고 스스로 고칠 의향만 있다면 당신이 상사를 변화시킬 가능성은 더 커진 셈이다. 상사를 변화시킨다는 것은 대단히 힘든 일이다. 그렇다고 해서 실망할 필요는 없다. 가장 어려운 상사가 때로는 어렵고 힘든 목표를 달성하는 경우에는 뛰어난 경우가 많다. 그리고 완벽주의자는 당신이 기대 이상으로 성과를 올릴 수 있도록 자극을 주기도 한다.

　까다로운 상사와 대응하기 위해서는 우선순위를 정하자. 그리고 두려움을 극복하고 계속적인 공격에도 침착성을 잃지 말고, 좀 더 나은 작업조건을 위해 교섭을 벌인다. 상사와의 갈등을 완화하기 위해 갈고 닦은 기술은 후에 당신이 직장 생활을 하는 동안 큰 도움이 될 것이다. 까다로운 상사 밑에서 살아남는 능력을 가진 사람은 윗사람들로부터 상황 관리를 잘하는 사람으로 인정받게 된다.

다혈질의 상사를 내편으로 만드는 법

폭군 같은 상사는 고집부리고 불같이 화를 내고 심하게 굴며 무조건 지배하려는 경우가 있다. 일단 지배 − 복종의 관계가 수립되면 헤어나기 어려우므로 그전에 대책을 세우는 것이 좋다. 그런 상사와는 직접적으로 맞서보자.

상사가 소리를 지르는 동안 "무시해 버려. 그건 너와는 상관없는 일이야."라는 말을 속으로 반복하면서 마음의 평정을 유지한다.

상사의 용모 중 우스꽝스런 부분에 초점을 맞춘다. 만약 상사가 배가 나왔다면 그가 불평을 하는 동안 말할 때마다 흔들리는 배를 쳐다보라. 아무리 위협적인 사람도 약점이 있다는 것을 알게 되면 당신은 좀 더 쉽게 긴장을 풀 수 있다.

상사가 숨 돌릴 때를 기다렸다가 "이야기를 듣고 싶은데, 말씀이 너무 빨라 알아들을 수가 없는데요."라고 말하며 반격한다.

마지막으로, 학대하는 상사에게는 그 상사가 아무리 매력적이더라도 절대로 긴장을 풀지 말 것.

일벌레 상사를 내편으로 만드는 법

열심히 일을 하여 중견 간부로 오른 사람들 중에는 일에만 매달리고 생활한 시간이 많아 휴식이 필요하다는 사실을 잊어버린 경우도 많다. 이들은 일과 휴식을 구분할 줄 모르는 상사들이다. 그런 상사는 자기뿐만 아니라 부하들마저도 잠자는 시간 빼놓고는 계속 업무에 붙잡아 놓으려 하기 때문에 사생활은 거의 불가능해질 수밖에 없다.

그런 상사에게는 일정한 선을 그어 놓는다. 위급할 때의 연락처를 알려준 다음 정상적으로 퇴근하라. 만약 상사가 화를 낸다면 다음날 아침에 모든 업무를 정상적으로 마치겠노라며 안심시켜라. 일의 우선순위는 상사가 정하게 하라. 그래야 어떤 일을 나중으로 미룰 것인지 결정할 수 있으니까.

만약 상사와의 관계가 원만하다면 문제를 공개적으로 논의해 보는 것도 고려해 볼만한 방법이다. 일을 늦지 않게 끝마치는 것도 중요하지만 당신의 사생활도 똑같이 중요하다는 것을 인식시킨다면 상사도 당신의 자유와 생활을 인정해 줄 것이다.

우유부단한 상사를 내편으로 만드는 법
——

채용된 직원들이 모두 일에 숙달되어 있다고 생각하는 상사도 있다. 갈등을 싫어해서 만약 어떤 사람이 실수를 하면 그 실수를 바로잡으려고 노력하기보다는 적당히 넘기려는 사람이다. 사무실의 기본적인 위계질서마저 위태로울 정도다. 갈등을 두려워하기 때문에 명령을 내리지 못한다. 그렇다면 부하는 자기 일은 스스로 찾아 할 수밖에 없다. 상사에게 이렇게 말해보라. "이 일은 제가 해야 될 것 같은데, 어떻게 생각하십니까?" 이렇게 하면 상사의 책임 영역을 침범하지 않으면서 당신이 주도적으로 업무를 처리할 수 있다.

우유부단한 상사에게 확신을 심어주는 것도 전략이다. 예컨대, 어떤 제안을 하면서 구체적인 사실이나 숫자를 제시함으로 상사도 그 제안에 대한 확신을 가지도록 서서히 유도하는 것이다.

완벽주의형의 상사를 내편으로 만드는 법
—

지나치게 완벽을 추구하는 사람들은 일의 진행 속도가 빠를 수가 없다. 일을 완벽하게 처리하려 하기 때문에 모든 일에 하나하나 제동을 걸어 결국 일의 양만 늘어난다. 더 어려운 상대는 계획보다 뒤처져서 시시한 일이나 문제 삼는 사람으로 부하들을 더 비참하게 만드는 사람이다.

완벽주의 상사를 모시고 있는 당신이 입지를 확보하기 위해선 그가 사물을 대국적으로 볼 수 있도록 유도하는 것이 유리하다. 만약 그가 당신이 막 끝낸 일을 다시 하라고 명령하면 지금 다른 일을 하고 있으니 어떤 일을 먼저 하는 게 좋겠느냐고 물어라. 대부분 그는 다른 일이 지연될지도 모른다는 것을 깨닫고 당신이 끝낸 일을 다시 하도록 명령하지 않을 것이다. 만약 상사가 어떤 일에 특별히 신경을 쓰면 일정한 간격으로 브리핑을 해주는 것도 좋다. 그에게 일의 진행 상황을 계속 알려 준다면 그의 끊임없는 감시에서 벗어날 수 있기 때문이다.

마지막으로 당신의 감정이 상처받지 않도록 조심해야 한다. 완벽주의자에게서 격려를 기대해서는 안 된다. 어려운 일에 부딪치면 다른 사람에게 물어서라도 스스로 해결 방법을 찾아야 한다.

냉담한 상사를 내편으로 만드는 법

상사가 분명한 태도를 취하지 않으면 부하직원들은 어떻게 해야 할지를 모른다. 그런 상사는 대개 부하들을 중요한 회의에 참석시키지 않고 일에 대하여 의논도 하지 않는다. 훌륭한 상사들에게는 하나같이 부하에게 무엇을 바라는지를 분명하게 알려주는 능력이 있는 법이다.

상사가 지시를 하지 않는다고 해서 아무 일도 하지 않는 것은 가장 무책임한 행동이다. 최선의 방법을 생각한 다음 상사에게 '별다른 지시가 없으시면 저는 이렇게 할까 합니다.' 라고 말하라. 다른 전략도 있다. 상사가 당신을 회의나 의사결정에 참여시키지 않으면 당신이 값진 정보를 가지고 있다고 상사에게 말하는 것이다. 만약 그 방법도 통하지 않으면 당신의 일을 존중해 주고 당신의 의견을 듣도록 상사를 설득할 수 있는 중재자를 찾는다.

의사소통 능력이 없는 상사는 일하는 스타일을 보면 금방 알아낼 수 있다. 어떤 사람들은 논리적으로 기록된 구체적인 자료를 좋아하는 반면 어떤 사람들은 회의를 선호한다. 상사가 어떤 방식을 좋아하는지 알아내어 그가 좋아하는 방식대로 당신을 맞춰 보라.

적당한 타협이 성공을 이끈다

경영 간부의 입장에서는 어느 제안도 즉시 실행에 옮기고 싶겠지만 역시 한도가 있는 법이다. 이런 때는 타협을 부정하지 말자. 당신 기획이 훌륭하면 테스트에도 견딜 수 있고 더욱 그 탁월함이 증명될 것이다. 혹시 결함이 있다 치더라도 그런 것은 작은 테스트를 통해 충분히 발견될 수 있다.

당신이 제안한 기획에 의해서 다른 사람의 생각이나 아이디어가 자극을 받는 가능성도 있다. 때문에 당신의 기획이 수정될 경우도 있을 것이다. 만약 적절한 타당성이 있는 안이라면 사실을 받아들일 것. 비즈니스가 성장하는 과정을 추적해 보면 변화와 수정과 타협의 반복임을 알 수 있다. 만약 이 시점에서 타협이 내가 낸 기획의 알맹이를 없애고 당신의 모든 노력을 수포로 믿든다면 당신의 생각을 끝까지 밀어 붙이로고 노력하자.

상대의 호의에 충분히 감사의 뜻을 전한다

만약 당신의 제안이 대성공을 거두었다 하더라도 그 영광을 혼자 독점해서는 안 된다. 다른 사람의 도움이 없었더라면 성공하지 못했음을 공언하라. 당신의 성공으로 말미암아 조금이라도 혜택을 받게 되면 후에 위급한 일이 있을 때 힘껏 도와주려는 마음을 갖게 될 것이다. 물론 당신도 다른 사람이 아이디어를 구하고 협력을 요청해

오면 보답할 의무가 있다.

회사이든 관청이든 또는 지역사회에서 생각을 관철시키려 한다면 조직의 주류에 속해 있어야 한다. 도움을 보내 온 사람이 있으면 감사의 뜻을 써 보내도록 하자. 당신에게서 사의를 받은 사람이라면 절대 잊지 않을 것이다. 당신을 돕기 위해 사람을 보내오면 역시 서신으로 크게 도움이 되었으며 우리와 함께 일하도록 배려해주어 감사하다는 뜻을 써 보내는 것이 좋다.

안 되는 일은 안 된다고 정확히 말한다

때때로 우리는 너무 많은 부탁에 치일 정도다. 우리는 그런 부탁을 들어주고 싶어도 그 부탁이 시간을 너무 많이 빼앗고 안정된 생활에 큰 부담을 준다면 거절 할 수밖에 없다.

거절은 모든 사람의 특권이다. 거절을 몰인정하거나 불친절한 행동으로 생각할 필요는 없다. 거절하는 좋은 방법은 그거 "안 됩니다."하고 단호하게 말하는 것이다. 분명한 거절은 오해의 여지를 없애 준다. 딱 잘라 거절함으로써 사람들이 당신의 뜻을 오해하고 시간을 낭비하는 무모한 일을 방지할 수 있다.

당신은 언제나 거절할 권리가 있음을 명심하라. 거절의 뜻을 어떤 식으로 표현하든 간에 당신은 당신의 시간과 이익 그리고 재산을 보호할 권리를 갖고 있다. 거절의 이유를 변명할 필요는 없다. 거절을 무례한 행동이라고 생각할 필요도 없다. 적당한 거절은 다른 사람들과 당신을 위하는 길이 될 것이다. 또는 "미안하지만, 나는 이런 일은 하지 않습니다."의 말은 단호하면서도 상대방의 감정을 상하게 하지 않는 거절방식이 된다.

거절로 느끼지 않게 표현하는 법

거절하고 싶은데 이러저러한 이유로 그 뜻을 밝히기가 여의치 않을 때 다음과 같은 말 중 하나를 이용해 보라.

당신의 거절을 긍정적인 말로 표현하면 상대방의 감정을 다치지 않게 할 수 있으며 "지금 당장"이나 "당분간"과 같은 말은 약간의 여운을 남긴다.

"그런 요청을 받아서 아주 기뻐요. 평소에 귀 단체가 아주 훌륭한 일을 하고 있다는 것을 누누이 들어 알고 있습니다. 하지만 공교롭게도 제 스케줄이 워낙 빡빡해서 제의를 수락할 수 없어요. 무척 안타깝습니다. 다음 기회는 저에게 주실 수 없겠습니까."

"내가 식사를 함께 하고 싶어서 며칠씩 벌려왔는데 이제 와서는 오히려 시간이 허락지 않는군요."

"사장님은 과분하게도 제가 이 일을 처리할 수 있을 것으로 생각하시고 이런 중요한 일을 맡기셨다는 것을 잘 압니다. 그런데 마침 주문량이 한꺼번에 몰려들어와 부탁을 들어 드릴 수가 없게 되었군요."

"아주 훌륭한 이야기인데요. 그러나 우리에게는 아직까지는 그럴 여력이 없습니다. 시간이 맞지 않았어요. 그 제의를 당장 이용할 입장에 있지 않습니다."

"좋은 생각입니다. 그러나 우리는 당분간 그것을 계획에 집어넣지 않았기 때문에 조금 어렵겠는데요."

거절하기 가장 어려운 경우는 부탁을 넌지시 암시하면서 한숨만 쉬는 사람이다. 예를 들면 다른 지방에 사는 친구나 친척이 전화를 걸어 이렇게 말하는 경우다. 아들 녀석이 네가 사는 도시의 학교에 다니게 되었다. 하숙비가 그처럼 비싸지만 않다면…….

이런 경우 대응방법은 동정적이지만 단호하게 "그래? 그거 안됐군."하고 말한 다음 입을 다무는 것이다. 당신이 구조자가 되어야 할 필요는 없다. 당신이 감당할 수 없는 고민을 상담 받았을 때도 마찬가지다.

"그거 안됐구나. 네가 해결책을 찾을 수 있기를 바란다."

또 다른 방법은 감추어진 질문을 노출시키는 것이다. "만약 우리 집에서 하숙을 할 수 있느냐고 묻는 것이라면 사정이 있어서 안 되겠다."

당신이 수락을 할 수 있도록 상대방이 정서적 협박을 가할 때는 그 사람이 유도하는 반응의 절반에만 반응을 보여라. "네가 내 생각을 조금이라도 한다면 일요일을 나 혼자 보내게 하지는 않을 테지."하고 탄식하는 어머니에게는 전반부에 대해서만 대답하라.

"내가 어머니 생각을 하지 않는다고요?"

"한 번 생각해 보겠습니다."

이런 식으로 상대가 납득할 만한 변명의 말을 생각하기 위한 시간을 버는 것도 나쁘지 않다.

"저에게도 생각할 시간이 좀 필요합니다." 역시 거부감을 주지 않는 거절의 말을 생각해 내기 위한 시간을 벌 수 있다. 거절 전에 잠깐 동안의 여유를 만들어 분위기를 부드럽게 만들 수 있다. 이렇게 말해 보라. "저는 지금 당장이라도 수락하고 싶지만 제 마음대로 정할 수 있는 일이 아닙니다. 어떤 방법이 있는지 찾아볼 시간을 좀 주시겠어요."

"15분 뒤에 다시 얘기해 봅시다."

여분의 시간을 얻었다면 득실을 따져 보고 역시 거절해야겠다는 생각이 들면 간단하게 안 된다고 말하고 그 이유를 설명하라. 부탁한 사람은 당신이 그의 요청을 진지하게 검토했다는 사실만으로도 고맙게 생각할 것이다.

유미는 부탁을 거절하는 유쾌한 방법이다. 우리는 모두 뜻밖의 재치 있는 말을 들으면 재미있어 한다.

"내가 못된 인간이라 네 부탁을 거절한다고 넌 생각할거야. 사실 난 못된 인간이야." 상큼한 거절의 말이다.

당신의 변명이 논쟁의 여지가 있는 것이 아닌 한, 아예 변명하지 않는 편이 더 나은 경우가 허다하다. 간단히 이렇게 말하라.

"지금 당장은 그럴 형편이 못됩니다."

대부분의 사람들은 설명을 강요하지 않을 테지만, 만약 더 따지고 들면

"그렇게 할 수밖에 없다."고 말하라.

리더에게 요구되는 여섯 가지 기술

사람을 움직이는 능력은 그 사람이 지니고 있는 리더십을 평가하는 잣대가 된다. 진실한 리더에게는 그 사람을 따르게 하는 미묘한 기술이 있다. 리더십을 높이려면 몇 가지 기술을 체득할 필요가 있다. 리더에게 요구되는 몇 가지 기술을 살펴보자. 물론 이것을 완전히 구비한 사람은 세상이 아무리 넓다 하더라도 거의 없을 것이다.

1. 발상력이 있는 사람

관리자의 주요 직무는 정리하여 마무리하는데 있다. 리더는 항상 모든 활동의 책임자이다. 리더는 무엇을 해야 하는가. 지금 당장 해야 할 일은 무엇인가를 터득하고 있는 사람이다. 리더는 자기 시간을 관리하는 것은 물론 부하의 시간까지도 효율적으로 다뤄질 수 있도록 조절하는 사람이다. 매일 매일 장래 일을 생각하며 계획을 세울 시간을 갖는 사람이다.

2. 신중히 의사결정을 하는 사람

의사결정을 하기 전에 데이터를 음미하고 관계자 전원의 의견을 듣고 검토를 하는 것은 상식이다.

3. 자기 부하를 알고 이해하고 있는 사람

각자에게 동기를 유발시키는 것은 무엇인가. 그들은 왜 그런 행동을 취하는가, 리더는 부하의 문제 정도는 이해해 둘 필요가 있다. 그

리고 그들에게 진심으로 관심을 가지고 있으며 또 그런 인상을 심어
주어야 한다.

4. 커뮤니케이션을 잘하는 사람
리더는 부하에게 원하는 것을 이해시키고 설득하는 능력이 있어
야 한다. 오해가 생겨서는 안 된다.

5. 표준 업적을 유지할 수 있는 사람.
자기와 함께 또는 자기를 도와 일해 주는 사람이 있다면 리더에게
는 큰 재산이 된다. 대부분의 부하들은 리더가 자신들에게 무엇을
요구하는지를 숙지하고 있으며 또 자신들의 생산력에 자신감을 갖
고 있다고 보아도 좋다. 지금까지 노력해 온 것은 바로 자신들이라
는 사실을 알기 때문이다. 리더는 칭찬할 때는 칭찬하고 꾸짖을 때
는 꾸짖으며 도움이나 조언이 필요할 때는 충분히 베풀도록 한다.

6. 다른 사람과 함께 일할 능력이 있는 사람
협력을 얻기 위해서는 협력을 구하는 사람과 마찰을 일으키지 않
고 일할 수 있어야 한다. 또 요청이 받아들여지기 위해서는 그들과
함께 말해야 하는 이유를 이해시키고 정중히 부탁할 필요가 있다.
또 동료에게도 조언을 구하면서 경의를 표한다면 협력을 약속받을
수 있다. 그 결과 모든 이들의 힘이 결집되면 당신의 목표는 쉽게 달
성된다.

◆

인생은 한 권의 책과 같다.

어리석은 사람은 대충 책장을 넘기지만,

현명한 사람은 공들여서 책을 읽는다.

그들은 단 한 번밖에 읽지 못하는 것을 알기 때문이다.

- 장 파울 -